反思教育：

向"全球共同利益"的理念转变？

联合国教科文组织　编

联合国教科文组织总部中文科　译

教育科学出版社

·北　京·

Original English Title:

Rethinking Education: Towards a global common good?

First published by the United Nations Educational, Scientific and Cultural Organization (UNESCO), 7, place de Fontenoy, 75352 Paris 07 SP, France.

© UNESCO 2015

© UNESCO 2017 for the Chinese translation

Original English edition first published by UNESCO under ISBN 978-92-3-100088-1

序言

面向21世纪，我们需要怎样的教育？在当前社会变革背景下，教育的宗旨是什么？学习应如何来组织？这些问题启发了本书所呈现的思想。

秉承联合国教科文组织两部具有里程碑意义的出版物——《学会生存：教育世界的今天和明天》（《富尔报告》，1972）和《学习：内在的财富》（《德洛尔报告》，1996）[1]——的精神，我确信，我们今天需要对教育再次做出高瞻远瞩的思考。

因为这是一个动荡的时代。世界日新月异，对于人权和尊严的渴求正在日益凸显。虽然不同社会之间的联系比以往任何时候都更加密切，但是偏执和冲突现象依然层出不穷。虽然新的权力中心正在形成，但不平等现象还在持续加剧，地球正承受着压力。虽然可持续、包容性发展的机会广阔，但是挑战也是十分严峻和复杂的。

世界在变，教育也必须做出改变。社会无处不在经历着深刻的变革，而这种变革呼唤着新的教育形式，培养今日和明日社会、经济所需要的能力。这意味着超越识字和算术，聚焦学习环境和新的学习方法，以促进公平正义、社会平等和全球团结。教育必须教导人们学会如何在承受压力的地球上共处。它必须重视文化素养，立足于尊重和尊严平等，有助于将可持续发展的社会、经济和环境方面结为一体。

---

1 关于这两份报告标题的中文译法，多年来存在争议：《富尔报告》的英文标题为 "Learning to Be: The World of Education Today and Tomorrow"，流传较广的译法为《学会生存：教育世界的今天和明天》，但有相当多的学者认为应当译为《学会做人：教育世界的今天和明天》；《德洛尔报告》的英文标题为 "Learning: The Treasure Within"，也有两种译法，一为《教育：财富蕴藏其中》，另一为《学习：内在的财富》，近年来，联合国教科文组织的正式出版物中，更多地采用后一种译法。本书中，凡提及这两份报告，均称之为《富尔报告》和《德洛尔报告》，不采用有争议的译名。——中译本注

这就是人文主义教育观，它把教育视为最根本的共同利益。我相信，在70年前通过的《联合国教科文组织组织法》的启迪下，这种教育观在今天被赋予了全新的意义，反映出新的时代和新的需求。

教育是可持续发展目标全球综合框架的关键。教育是我们努力适应变化、改造我们生活于其中的世界的核心。优质基础教育是在瞬息万变的复杂世界中实现终身学习的必要基础。

放眼世界，我们看到在扩大全民学习机会方面已经取得了长足的进步。然而，我们必须吸取适当的经验教训，确定新的前进方向。仅关注机会获取还不够，我们必须把新的重点放在教育质量和学习的相关性上，放在儿童、青年和成人的实际学习内容上。学校教育和正规教育是主体，但我们还必须开阔眼界，促进终身学习。让女童进入小学至关重要，但是在中学及以后阶段，我们也必须竭尽全力，向她施以援手。我们需要比以往任何时候都更加重视教师和教育工作者，将他们视为全面推动变革的力量。

再也没有比教育更为强大的变革力量。教育将促进人权和尊严，消除贫穷，强化可持续性，为所有人建设更美好的未来。教育立足于权利平等和社会正义、尊重文化多样性、促进国际团结和分担责任，所有这些都是人性的基本共同点。

这就是我们必须在不断变化的世界中再次做出高瞻远瞩的思考，并重塑教育愿景的原因。也正因为如此，我们需要开展广泛的辩论和对话，而这正是本书的初衷——既能让我们满怀憧憬，又能鼓舞人心、对话未来。

Irina Bokova

联合国教科文组织总干事
伊琳娜·博科娃

致谢

本书问世之际，适逢国际教育与发展界正致力于制定全球可持续发展目标框架这一特殊历史时刻。对此，我深感欣慰。眼前的这本书，源于我与联合国教科文组织总干事伊琳娜·博科娃女士在她的首个任期当中进行的初步讨论。她大力支持重温《德洛尔报告》，以确定全球教育的未来方向。她睿智地希望证明，联合国教科文组织不仅要对全民教育运动发挥技术牵头作用，而且要在国际教育领域发挥重要的智力领导作用。

正是出于这一点，联合国教科文组织总干事设立了高级专家组，负责重新思考不断变化的世界中的教育。这个国际专家组的任务是编写一份简明文件，确定可能会影响到学习的组织方式和激发教育愿景辩论的各种问题。专家组的两位主席分别是联合国秘书长2015年后发展规划特别顾问兼助理秘书长阿米娜·穆罕默德（Amina J.Mohammed）女士和英国诺丁汉大学联合国教科文组织教席W.约翰·摩根(W. John Morgan)教授。高级专家组的其他成员包括：印度新德里发展中社会研究中心教授彼得·罗纳德·德索扎（Peter Ronald DeSouza）先生、法国巴黎第一大学教授乔治·哈达德（Georges Haddad）先生、黎巴嫩贝鲁特圣约瑟夫大学政治科学研究所名誉所长法迪亚·基万（Fadia Kiwan）女士、国际教育协会（Education International）秘书长弗雷德·范利温（Fred van Leeuwen）先生、日本国际医疗福祉大学教授佐藤贞一（Teiichi Sato）先生和墨西哥国家教育评估研究院院长西尔维娅·施梅尔克斯（Sylvia Schmelkes）女士。

总干事从一开始就大力支持联合国教科文组织教育部门开展这个项目。在教育研究与前瞻工作组的协调下，高级专家组分别于2013年2月、2014年2月和2014年12月会聚巴黎，酝酿他们的思想，就连续的数份报告草案进行辩论。借此机会，我要衷心感谢高级专家组的全体成员，他们为这项重要的集体工作做出了宝贵贡献。联合国教科文组织教育部门对他们的努力和奉献深表谢意。

本书的问世，离不开包括外部专家、联合国教科文组织同事们在内的许多人的贡献。我要肯定并感谢他们的支持：阿布德贾里尔·阿卡里（Abdeljalil Akkari，日内瓦大学）、马斯莫·阿马迪奥（Massimo Amadio，联合国教科文组织国际教育局）、大卫·阿特乔亚雷纳（David Atchoarena，联合国教科文组织政策与终身学习体系司）、西尔万·奥布里（Sylvain Aubry，全球经济、社会和文化权利倡议）、内吉布·阿伊德（Néjib Ayed，阿拉伯联盟教育、文化及科学组织）、亚伦·班纳沃特（Aaron Benavot，全民教育全球监测报告小组）、马克·贝磊（Mark Bray，香港大学）、阿恩·卡尔森（Arne Carlsen，联合国教科文组织终身学习研究所）、迈克尔·卡尔顿（Michel Carton，国际教育培训政策与合作网络）、博尔内·沙克龙（Borhene Chakroun，联合国教科文组织青年、扫盲和技能发展部门）、程介明（香港大学）、马伦·埃尔费特（Maren Elfert，不列颠哥伦比亚大学）、保林·洪通吉（Paulin J. Hountondji，贝宁国家教育委员会）、克劳斯·许夫纳（Klaus Hüfner，柏林自由大学）、吕特·卡嘉（Ruth Kagia，成果促发展研究机构）、姜泰英（Taeyoung Kang，韩国浦项钢铁技术研究院，首尔）、玛丽亚·汗（Maria Khan，亚洲及南太平洋基础教育与成人教育协会）、瓦莱丽·莱希提（Valérie Leichti，瑞士发展合作署）、康迪·吕嘉（Candy Lugas，联合国教科文组织国际教育规划研究所）、伊恩·麦克弗森（Ian Macpherson，开放社会基金会）、罗拉·穆姆·伯尔克（Rolla Moumne Beulque，联合国教科文组织教育政策司）、雷纳托·奥佩蒂（Renato Opertti，联合国教科文组织国际教育局）、斯韦恩·奥斯特维特（Svein Osttveit，联合国教科文组织教育部门执行办公室）、大卫·珀斯特（David Post，全民教育全球监测报告小组）、谢尔顿·谢弗（Sheldon Shaeffer，儿童早期教育和治理专家）、丹尼斯·西恩约洛（Dennis Sinyolo，国际教育协会）和罗萨－玛丽亚·托雷斯（Rosa-Maria Torres，弗朗西斯实践智慧研究所，基多）。

最后，我还要感谢联合国教科文组织教育研究与前瞻工作组将该项目变为现实。起草工作由教育研究与前瞻工作组前组长乔治·哈达德发起，并由高级计划专家索比·塔维勒（Sobhi Tawil）负责领导和协调。协助人员包括：意大利贝加莫大学联合国教科文组织国际人权和伦理合作教席里塔·洛卡泰利（Rita Locatelli）和卢卡·索莱西（Luca Solesin），以及联合国教科文组织项目计划专家洪莱图（Huong Le Thu）。其他研究助理包括：玛丽·库古勒（Marie Cougoureux）、李嘉文（音译，Jiawen Li）、焦尔嘉·马丘卡（Giorgiana Maciuca）、吉列尔莫·尼诺·巴尔德伊塔（Guillermo Nino Val-dehita）、维克多·努伊（Victor Nouis）、马里翁·普特雷尔（Marion Poutrel）、埃莱娜·韦吕（Hélène Verrue）和尹姗（音译，Shan Yin）。

教育部门助理总干事
唐虔博士

目录

框注目录

摘要

当今世界的错综复杂和矛盾冲突，达到了前所未有的程度。这些变化引发了紧张不安，人们寄希望于教育能够培养个人和社会掌握适应变化并做出反应的能力。本书有助于在这一背景下重新思考教育与学习。本书立足于联合国教科文组织作为全球社会变革观测站的主要任务，目的是促进公共政策辩论。

本书呼吁所有利益攸关方开展对话。这是一部在人文主义教育观和发展观的启迪下完成的作品，以尊重生命和人类尊严、权利平等、社会正义、文化多样性、国际团结和为创造可持续的未来承担共同责任为基础，而这些正是人性的基本共同点。本书彰显了联合国教科文组织具有里程碑意义的两部出版物——《富尔报告》和《德洛尔报告》——提出的愿景。

可持续发展：核心关切

对于可持续发展的向往，迫使我们解决一些共同的问题，消除普遍存在的矛盾，同时拓宽视野。经济增长和创造财富降低了全球贫困率，但世界各地的社会内部以及不同社会之间，脆弱性、不平等、排斥和暴力却有增无减。不可持续的经济生产和消费模式导致全球气候变暖、环境恶化和自然灾害频发。此外，国际人权框架在过去几十年中得到加强，但这些人权规范的落实和保护仍然是一项挑战。例如，通过扩大受教育机会，妇女的权能逐步增强，但女性在公共生活和就业领域依旧受到歧视。暴力侵害妇女和儿童（特别是女童）的现象，依然损害着女性的权利。技术发展增进了人们之间的相互关联，为彼此交流、合作与团结开辟出了新的渠道，但我们也发现，文化和宗教不宽容、基于身份的政治鼓动和冲突日益增多。

教育必须找到应对这类挑战的办法，同时兼顾多种世界观和其他知识体系，还要考虑到科技领域的最新发展，例如神经科学的进步和数字技术的发展。重新思考教育的目的和学习的组织方式，从未像今天这样迫切。

重申人文主义教育方法

仅凭教育不能解决所有发展问题，但着眼于全局的人文主义教育方法可以并且应该有助于实现新的发展模式。在这种模式下，经济增长必须遵从环境管理的指导，必须服从人们对于和平、包容与社会正义的关注。人文主义发展观的道德伦理原则反对暴力、不宽容、歧视和排斥。在教育和学习方面，这就意味着超越狭隘的功利主义和经济主义，将人类生存的多个方面融合起来。这种方法强调，要将通常受到歧视的那些人包容进来——妇女和女童、土著人、残疾人、移民、老年人以及受冲突影响国家的民众。这将需要采用开放和灵活的全方位终身学习方法：为所有人提供发挥自身潜能的机会，以实现可持续的未来，过上有尊严的生活。这种人文主义发展观不仅影响到关于学习内容和教学方法的定义，同时还影响到教师和其他教育工作者的作用。随着新技术，特别是数字技术的飞速发展，这一点变得更加重要。

复杂世界中的地方决策和全球决策

社会和经济的复杂程度不断加深，这给当今全球化世界中的教育决策提出了挑战。经济全球化的深入发展，导致就业增长率低、青年失业率不断攀升和就业形势脆弱。趋势表明，教育正在与日新月异的就业领域不断脱节，但由此也出现了一个契机，促使人们重新考虑教育与社会发展之间的关联。此外，学习者和工人的流动性日益增强，他们往来于各国之间，同时出现了新的知识和技能转移模式，这要求我们必须采取新的方法来承认、认证和评估学习。关于公民素质问题，国家教育系统面临的挑战是如何塑造身份认同，以及在相互联系日益紧密和彼此依存日益加深的世界中如何增进对于他人的责任意识和责任感。

近几十年来，世界各国纷纷扩大受教育机会，给公共开支造成的压力越来越大。此外，近年来在国家和全球层面，争取公共事务中的话语权和要求非国家行动者参与教育工作的呼声日益高涨。伙伴关系的这种多样化正在模糊公共与私营部门之间的界线，从而给教育的民主治理工作带来一些问题。简而言之，越来越需要将规范社会行为的社会、国家和市场的贡献和要求协调起来。

重新界定教育和知识的概念，将其作为全球共同利益

面对这个瞬息万变的现实世界，我们需要重新思考指导教育治理的规范性原则，特别是受教育的权利和以教育为公共利益的概念。事实上，在国际教育讨论中，我们往往将教育作为一项人权或是一项公益事业。这些原则在基础教育阶段基本上是没有争议的，但其能否适用于基础后教育和培训，在诸多讨论中并无共识。此外，受教育的权利和公益原则是否适用于，以及在多大程度上适用于制度化程度较低的非正规教育和非正式教育？因此，在关于教育目的的讨论中，对于知识（通过学习获得的信息、理解、技能、价值观和态度）的关注无一例外地成为核心内容。

本书作者建议将知识和教育视为共同利益（common goods）。这意味着，知识的创造及其获取、认证和使用是所有人的事，是社会集体努力的一部分。共同利益的概念让我们能够摆脱公共利益（public good）概念所固有的个人主义社会经济理论的影响。在界定什么是共同利益时，强调参与过程，其中考虑到环境背景、福祉概念和知识生态系统的多样性。知识是人类共同遗产的固有组成部分。要在相互依存日益加深的世界中实现可持续发展，就应将教育和知识视为全球共同利益。团结是人类共有的价值观，在它的感召下，知识和教育作为全球共同利益这项原则会对众多利益攸关方的作用和责任产生影响。这适用于联合国教科文组织等国际组织，本组织承担着全球观测和规范职能，有资格促进和指导全球公共政策辩论。

关于未来的思考

就在我们试着协调学习的目的和学习的组织方式，并以此作为社会集体努力时，以下问题不妨成为辩论的第一步：学习的四大支柱——学会求知、学会做事、学会做人和学会共处——依然关系重大，但它们受到了全球化和身份政治卷土重来的威胁。怎样才能巩固和更新这四根支柱？教育怎样应对实现经济、社会和环境可持续性的挑战？怎样通过人文主义教育观来协调多元化的世界观？怎样通过教育政策和实践来实现这种人文主义教育观？全球化对于教育领域的国家政策和决策会有哪些影响？应如何筹措教育经费？对于教师教育、培训、发展和支持会有哪些具体影响？区分"私人利益""公共利益"和"共同利益"的概念，会对教育产生哪些影响？

应召集观点各异的众多利益攸关方，分享各自的研究成果，阐明指导政策的规范性原则。联合国教科文组织作为一个智力机构和思想库，可以为相关辩论和对话提供平台，从而增强我们对于教育政策和办学新方法的认识，以支持人类延续及其共同福祉。

导　　言

导言

> **❝ 知者不惑，仁者不忧，勇者不惧。❞**[1]

孔子, 中国哲学家（公元前551年至公元前479年）

呼吁对话

本书有助于在不断变化的世界中重新规划教育愿景，并借助了联合国教科文组织作为全球社会变革观测站的主要任务，目的是激发关于变化世界中的教育问题的公共政策辩论。本书呼吁对话，受到了人文主义教育观和发展观的启发，以尊重生命和人类尊严、权利平等和社会正义、尊重文化多样性、国际团结和分担责任为基础，而所有这些都是人性的基本共同点。本书希望做到满怀憧憬，鼓舞人心，与新的时代以及世界各地涉足教育事业的所有人开展对话。它秉承了联合国教科文组织具有里程碑意义的两部出版物——《富尔报告》和《德洛尔报告》——的精神。

回首过去，展望未来[2]

要重新规划教育，为建设未来而学习，我们必须借鉴以往的分析成果。例如，1972年的《富尔报告》在传统教育系统受到挑战时，提出了两个相互关联

---

1   此处英文原文为："Education breeds confidence. Confidence breeds hope. Hope breeds peace"，意思是"教育产生自信，自信酝酿希望，希望促成和平"。但是译者遍寻孔子语录，找不到与之意思完全对应之原文。请教多位专家学者，他们也大多倾向采用"知者不惑，仁者不忧，勇者不惧"。——译者注

2   改编自 Morgan, W. J. and White, I. 2013. Looking backward to see ahead: The Faure and Delors reports and the post-2015 development agenda. *Zeitschrift Weiterbildung*, No. 4, pp. 40-43.

的概念——学习型社会和终身教育。报告指出，随着技术进步和社会变革的加速，没有人能够依靠启蒙教育过完一生。学校依然是传播系统性知识的基本途径，但社会机构、工作环境、休闲、媒体等社会生活的其他方面将补充进来。报告倡导每个人都有权利并且有必要为促进自身、社会、经济、政治和文化发展而学习。报告肯定终身教育，将其视为发展中国家和发达国家教育政策的基石。[1]

1996年的《德洛尔报告》提出了建立在两个重要概念上的综合教育构想："终身学习"；学习的四大支柱——学会求知、学会做事、学会共处和学会做人。报告本身并不是教育改革蓝图，而是为反思和辩论应做出哪些政策选项提供了基础。报告指出，我们希望生活在怎样的社会当中，就决定了我们会选择怎样的教育。报告认为，除教育的直接功能以外，形成完整的人格是教育宗旨的重要组成部分。[2]《德洛尔报告》与联合国教科文组织奉行的道德和智力原则高度一致，因此与同期其他教育改革研究相比，这份报告具有更为浓厚的人文主义色彩，工具性和市场导向较弱。[3]

《富尔报告》和《德洛尔报告》对于世界各国的教育政策无疑具有启发作用，[4]但我们现在必须认识到，自20世纪70年代乃至20世纪90年代以来，全球智力格局和物质基础都发生了翻天覆地的变化。21世纪的第二个十年标志着一个新的历史节点，给人类的学习和发展带来了新的挑战和新的机遇。我们正在步入一个新的历史阶段，各个社会之间相互联系和相互依存，各种复杂性、不确定性和张力达到了前所未有的程度。

全球学习格局的显现

当今世界各地矛盾重重。经济全球化程度加深，减少了全球贫穷，但同时也造成了就业增长率低、青年失业率不断攀升和就业形势脆弱等现象。此外，经济全球化正在加深不同国家之间以及各国内部的不平等现象。假如教育系统忽视弱势学生以及生活在贫穷国家的众多学生的教育需要，将教育机会集中在

1　Medel-Añonuevo, C., Oshako, T. and Mauch, W. 2001. *Revisiting lifelong learning for the 21st century.* Hamburg, UNESCO Institute for Education.
2　Power, C. N. 1997. Learning: a means or an end? A look at the Delors Report and its implications for educational renewal. *Prospects*, Vol. XXVII, No. 2, p.118.
3　Ibid.
4　关于这个问题的讨论，见Tawil, S. and Cougoureux, M. 2013. *Revisiting Learning: The treasure within– Assessing the influence of the 1996 Delors report.* Paris, UNESCO Education Research and Foresight, ERF Occasional Papers, No. 4; Elfert, M. 2015. UNESCO, the Faure report, the Delors report, and the political utopia of lifelong learning. *European Journal of Education*, 50.1, pp. 88-100.

富裕阶层，使得高质量的培训和教育高不可攀，就会加剧这种不平等。当前的经济增长模式以及人口增长和城市化发展，正在消耗不可再生的自然资源，同时污染环境，造成不可逆转的生态破坏和气候变化。此外，就在文化多样性日益得到承认的同时（无论是作为民族国家历来固有的特点，还是移民和流动增多的结果），我们还注意到，文化和宗教沙文主义以及基于身份的政治鼓动和暴力事件急剧增加。恐怖主义、与毒品有关的暴力、战争、内乱，乃至家庭暴力以及校园暴力现象越来越多。这些暴力使人们对教育培养共处的价值观和态度的能力产生了质疑。此外，受这些冲突和危机的影响，近3 000万儿童被剥夺了接受基础教育的权利，今后将出现一代又一代没有受过教育的成年人，而这些人在发展政策中往往被忽视。这些问题是对于人类互相理解和全球社会融合的严峻挑战。

与此同时，我们看到在变化着的地方和全球治理方面，要求在公共事务中获得话语权的呼声越来越高。互联网连接、移动技术和其他数字媒体的飞速发展，以及开放公共教育机会和发展多种形式的私营办学，正在改变着社会、民间和政治参与的模式。此外，随着工作者和学习者越来越多地在国家间流动，变换工作岗位和学习空间，突显出有必要重新考虑如何承认、认证及评估学习和能力。

当前的种种变化影响到了教育，表明新的全球学习格局正在形成。并非所有这些变化都要求人们调整教育政策来做出响应，但这些变化毕竟造成了新的局面。不仅需要采取新的做法，还要从新的视角来了解学习的本质以及知识和教育在人类发展中的作用。社会变革的这种新态势要求我们重新审视教育的目的和学习的组织方式。

何谓知识、学习和教育？

知识在有关学习的任何讨论中都是核心议题，可以理解为个人和社会解读经验的方法。因此，可以将知识广泛地理解为通过学习获得的信息、理解、技能、价值观和态度。知识本身与创造及再生产知识的文化、社会、环境和体制背景密不可分。[1]

1　European Science Foundation. 2011. *Responses to Environmental and Societal Challenges for our Unstable Earth (RESCUE). ESF Forward Look – ESF-COST 'Frontier of Science' joint initiative.* Strasbourg/Brussels, European Science Foundation/European Cooperation in Science and Technology.

学习可以理解为获得这种知识的过程。学习既是过程，也是这个过程的结果；既是手段，也是目的；既是个人行为，也是集体努力。学习是由环境决定的多方面的现实存在。获取何种知识，以及为什么、在何时、在何地、如何使用这些知识，是个人成长和社会发展的基本问题。

教育可以理解为有计划、有意识、有目的和有组织的学习。正规教育和非正规教育机会意味着一定程度的制度化。但是，许多学习即便是有意识和有计划的，其制度化程度却要低得多（如果能够形成制度的话）。这种非正式教育不像正规教育或非正规教育那样有组织、有系统，可能包括发生在工作场所（例如实习）、地方社区和日常生活中的学习活动，以自我指导、家庭指导或社会指导为基础。[1]

最后需要指出的是，我们在生活中学到的许多知识并非有意为之。这种非正式学习是所有社会化经验的必然体验。接下来的讨论仅限于有目的和有组织的学习。

> 获取何种知识，以及为什么、在何时、在何地、如何使用这些知识，是个人成长和社会发展的基本问题。

本书的结构

第一章的主旨是对于人的可持续发展和社会的可持续发展的关切，概述了当今全球社会变革进程中的某些趋势、张力和矛盾，以及这一过程呈现出的新的知识前景。与此同时，这章强调需要探索实现人类福祉的其他办法，包括承认世界观和知识体系的多样性，以及需要支持多样化的世界观和知识体系。

第二章重申人文主义方法，强调必须在最新的伦理和道德基础上制定综合性教育方法，呼吁包容的、不会简单地复制不平等的教育过程。在不断变化的全球教育格局中，教师和其他教育工作者的作用对于培养批判性思维和独立判断的能力、摆脱盲从至关重要。

接下来的一章讨论复杂世界中的教育决策问题，包括下列挑战：认识和应对正规教育与就业之间的差距；在跨越边界、职业和学习空间的流动性日益增强的世界里，承认和认证学习；在日益全球化的世界中重新思考公民素质教

---

1   European Science Foundation. 2011. *Responses to Environmental and Societal Challenges for our Unstable Earth (RESCUE). ESF Forward Look–ESF-COST 'Frontier of Science' joint initiative.* Strasbourg/Brussels, European Science Foundation/European Cooperation in Science and Technology.

育，平衡对于共同价值多元化的尊重和对于共同人性的关切。最后，我们联系可能出现的全球治理形式，分析了国家教育决策的复杂性。

第四章探讨有必要根据当前形势重新思考教育治理的基本原则，特别是受教育的权利和以教育为公共利益的原则。建议教育政策更多地关注知识，以及创造、获取、习得、认证和运用知识的方式。还建议应根据当前形势，重新思考组织教育的基本规范原则，特别是以教育为公共利益的原则。建议将教育和知识视为全球共同利益，这或许会为协调学习的目的和组织方式提供一种实用的方法，作为不断变化世界中的社会集体努力。最后一章总结了主要观点，并为开展深入讨论提出了一些问题。

第一章　可持续发展：
核心关切

第一章 可持续发展：核心关切

> **我们应将全人类视为一棵树，而我们自己就是一片树叶。离开这棵树，离开他人，我们无法生存。**

帕布罗·卡萨尔斯（Pablo Casals），西班牙大提琴家和指挥家

在重新审视教育目的时，对于可持续的人类发展和社会发展的密切关注，主导着我们的思绪。可持续性可以理解为，个人和社会在当地及全球层面采取负责任的行为，争取实现人人共享的更美好的未来，让社会正义和环境管理指导社会经济发展。当今世界相互联系，相互依存，各种变化使得复杂性、紧张不安和矛盾冲突达到了前所未有的程度，并由此产生了不容忽视的新的知识前景。这种变化模式要求人们努力探索促进人类进步和保障人类福祉的各种途径。

■ 挑战和矛盾

《德洛尔报告》指出了技术、经济和社会变革引发的多种矛盾，其中包括：全球与地方之间的矛盾；普遍与个别之间的矛盾；传统与现代之间的矛盾；精神与物质之间的矛盾；长远考虑与短期考虑之间的矛盾；竞争的需要和机会平等的理想之间的矛盾；以及知识膨胀与人类吸收能力之间的矛盾。今天人们依然可以通过这七种矛盾来审视当代社会变革趋势。某些矛盾有了新的含义，新的矛盾也正在出现。这其中包括经济发展呈现出脆弱性，不平等、生态压力、不宽容和暴力现象不断加剧等特点。人权方面有所进步，但人权规范的执行工作往往仍是一项挑战。

生态压力以及不可持续的经济生产和消费模式

长期以来，人们认为发展的宗旨就是确保增长，前提是经济增长会产生积极影响，最终保障所有人的福祉都得到改善。然而，不可持续的生产和消费模式表明，着眼于经济增长的主流发展模式存在根本性矛盾。由于不受限制的增长和对自然的过度开发，气候变化导致自然灾害增多，这让贫穷国家面临极大的风险。事实上，由于气候变化、水等重要自然资源的退化以及生物多样性的丧失，可持续发展已经成为发展方面的核心关切问题。

20世纪下半叶（1960—2000年），用水量增加了一倍，粮食消费和产量增长了2.5倍，木材消耗量增加了2倍。这些数字飙升的原因是人口增长。20世纪下半叶，世界人口增加了近2倍，从1950年的大约25亿，增至2013年的70多亿，预计到2025年，世界人口将超过80亿。[1] 估计到2030年，粮食需求量将至少增长35%，水需求量增长40%，能源需求量增长50%。[2]

当今世界相互联系，相互依存，各种变化使得复杂性、紧张不安和矛盾冲突达到了前所未有的程度，并由此产生了不容忽视的新的知识前景。

此外，世界将首次有半数以上的人口生活在城市地区。到2050年，世界人口的三分之二（超过60亿人）将生活在城市地区。[3] 届时，估计全球80%的城市人口将集中在发展中国家的城镇。[4] 世界城市人口的增长，中产阶层的生活方式，以及消费和生产模式的扩张，正在给环境和气候变化造成不利影响，加剧世界各地的自然灾害风险。[5] 这些巨变给世界各地民众的生命、生计和公共卫生造成严重威胁。混乱无序或规划不力的城市化发展越来越容易受到自然灾害和极端气候条件的影响。前所未有的城市发展速度正在决定着全球的社会、

1　UN DESA. 2013. *World Population Prospects: The 2012 Revision*. New York, United Nations. 大部分增长都出现并将继续出现在发展中国家。发展中国家在世界总人口中所占比例从1950年的66%增至2010年的82%。这一数字有望到2050年进一步增至86%，到2100年增至88%。

2　National Intelligence Council. 2012. *Global Trends 2030: Alternative worlds*. Washington, DC, National Intelligence Council.

3　UN DESA. 2012. *World Urbanization Prospects: The 2011 Revision*. New York, United Nations.

4　UN-HABITAT. 2013. *UN-HABITAT Global Activities Report 2013. Our presence and partnerships*. Nairobi, UN-HABITAT.

5　SPREAD Sustainable Lifestyle 2050. 2011. *Sustainable Lifestyle: Today's facts and Tomorrow's trends*. Amsterdam, SPREAD Sustainable Lifestyle 2050.

政治、文化和环境发展趋势。因此，可持续的城市化发展已经成为21世纪国际社会面临的最紧迫的挑战之一。[1]

从终身学习的角度来看，这些人口增长和城市化发展模式对于确保提供相关和灵活的受教育机会所需的体制安排和伙伴关系，也有着重要影响。预计到2050年，老年人在人口总数中所占的比例将翻一番，[2]而且对于更趋多样化的成人教育和培训的需求也将扩大。要确保将非洲劳动年龄人口的预期增长转化为人口红利，[3]需要提供相关的终身教育和培训机会。

财富增加，但脆弱性和不平等加剧

1990—2010年，全球贫困率降低了一半，这主要是由于新兴经济体以及多个非洲国家的经济增长强劲，2008年爆发了全球金融和经济危机，但这些国家增长势头不减。预计在未来15—20年里，发展中国家的中产阶层将继续大幅度增加，其中增长速度最快的是中国和印度。[4]但世界各地依然存在明显差异，不同区域的贫困率也会有很大差距。[5]

国内生产总值（GDP）迅猛发展的增长模式未必会产生必要的就业水平和所需的工作类型。就业机会的扩大没能赶上劳动力增长的步伐。2013年，全球失业人口超过2亿，而且人数还将进一步增加。东亚、南亚和撒哈拉以南非洲等地出现了大量失业人口，这些地区同时也出现了就业质量的下降。弱势就业的人数大约占到就业人口总数的一半，并且导致许多工人生活在贫困线以下或是在贫困线上挣扎。与工薪劳动者相比，弱势就业者获得社会保障或稳定收入的可能性要低得多，或是根本得不到任何保障。[6]

1　United Nations Human Settlement Programme, UN-Habitat, www.un-ngls.org/spip.php?page=article_fr_s&id_article=819 [Accessed February 2015].

2　UN DESA. 2013. *World Population Prospects: The 2012 Revision*. New York, United Nations.

3　Drummond, P., Thakoor, V. and Yu, S. 2014. *Africa Rising: Harnessing the Demographic Dividend*. IMF Working Paper 14/43. International Monetary Fund.

4　National Intelligence Council. 2012. *Global Trends 2030: Alternative worlds*. Washington, DC, National Intelligence Council.

5　2010年，东亚和太平洋地区的贫困率估计为12.5%，南亚的贫困率高于30%，撒哈拉以南非洲则接近50%。IMF and World Bank. 2013. *Global Monitoring Report 2013. Rural-Urban Dynamics and the Millennium Development Goals*. Washington, DC, International Bank for Reconstruction and Development and the World Bank.

6　International Labour Office. 2014. *Global Employment Trends 2014*. Geneva, International Labour Office.

大多数国家缺乏基本的社会保护，加剧了这类问题，并加重了不平等现象，大多数发达国家之间和发达国家内部以及发展中国家都存在这个问题。[1] 在过去25年里，财富越来越多地集中在少数人手中。[2] 世界财富的划分方式如下：将近一半的财富归最富有的1%人口所有，另一半归其余的99%人口。[3] 收入差距如此迅速扩大，正在导致社会排斥，破坏社会融合。在所有社会当中，极端不平等都是造成社会矛盾的根源，是引发政治动荡和暴力冲突的潜在催化剂。

框注1. 拉丁美洲经济增长强劲，但存在严重的收入不平等

在过去十年里，拉丁美洲和加勒比地区经济增长强劲，社会指标得到改善，但这里却是收入不平等最严重的地区之一。报告注意到，"工资份额的下降，是由于节省人力的技术变革，以及劳动力市场规范和体制的普遍削弱。这种下降可能会严重影响到处于收入分配结构中层和底层的个人，因为这些人主要依靠的是劳动收入"。此外，报告还注意到，"由于小规模土地所有者往往得不到贷款和其他资源来提高生产力，而大规模土地所有者则没有足够的动力来提高生产力。土地分配严重不平等造成了社会和政治矛盾，是导致经济效率低下的原因之一"。

资料来源：UN Department of Economic and Social Affairs. 2013. *Inequality Matters. Report of the World Social Situation 2013*. New York, United Nations.

相互联系日益紧密，但不宽容和暴力日益严重

新的数字技术的发展带来了信息和知识的迅速膨胀，并且方便了世界各地更多人口获得这些信息和知识。因此，在本着团结精神和为促进可持续发展而开展的知识和专门技术共享方面，信息和通信技术可以起到重要作用。然而，很多观察家认为，世界正在出现越来越严重的种族、文化和宗教不宽容，正是这些通信技术被用来开展思想和政治鼓动，推行排他主义的世界观。这种鼓动往往导致进一步的暴力犯罪和政治暴力，乃至武装冲突。

1　UN DESA. 2013. *Inequality matters. Report on the World Social Situation 2013*. New York, United Nations.
2　见 World Economic Forum. 2014. *Outlook on the Global Agenda 2015*. Global Agenda Councils. pp. 8-10.
3　Oxfam. 2014. Working for the Few: Political capture and economic inequality. *Oxfam Briefing Paper* No. 178. Oxford, UK, Oxfam.

在危机和动荡时期，无论是在动乱和武装冲突造成的流离失所期间还是在此之后，暴力侵害妇女和女童的行为往往会增加。在这种情况下，针对妇女的暴行普遍存在；假如武装组织将强奸、强迫卖淫或性贩运用作战术，暴力侵害妇女则成为一项蓄意的行为。[1]妇女也比较容易陷入国内流离失所的境地，从而导致健康状况不佳和学习成绩差，[2]这会直接影响到家人和子女的待遇及处境。

暴力，包括与制毒和贩毒（在中美洲等世界某些地方为极端问题）、政治动荡和武装冲突有关的暴力犯罪，依然威胁生命，妨碍社会和经济发展。[3]估计约有5亿人居住在可能出现动荡和爆发冲突的国家。[4]为遏制全球暴力以及善后工作所产生的经济影响，估计接近10万亿美元：超过全球各国国内生产总值的11%，相当于2013年非洲国家国内生产总值之和的两倍。[5]此外，投入安保和军事的公共预算份额占用了大量的发展资金。2000年以来，全球军事开支继续增长，2012年全球军费总额高达1.742万亿美元，[6]一些国家投入军事开支的国内生产总值份额比教育投入所占的份额还要大。

所有这些问题都给对于冲突有敏感认识的教育政策的制定和执行造成了重大影响。要让教育不再复制可能催生暴力及政治动荡的不平等和社会矛盾，教育政策的制定和执行工作就必须做到包容。人权教育可以起到重要作用，帮助人们认识到引发冲突的问题以及如何公正地解决这些问题。在暴力和冲突期间，人权教育可以有力地促进不歧视这一重要原则，并且保护所有人的生命和尊严。这需要确保人人享有安全、非暴力、包容和有效的学习环境。

---

1   UN Women. 2013. *A Transformative Stand-alone Goal on Achieving Gender Equality, Women's Rights and Women's Empowerment.* New York, UN Women.

2   World Bank. 2011. *World Development Report 2011: Conflict, Security and Development.* Washington,DC, The World Bank.

3   毒品市场主要出现在发达国家，但从事毒品生产、加工和运输的却是发展中国家。这个市场很大，而且还在不断扩大，毒品行业也在随之扩张。由于敌对团伙互相厮杀，争夺地盘，导致暴力与毒品业如影随形。毒品业是劳动密集型产业，需要未经培训的人员完成多项业务。在很多国家，加入毒品行业的主要是男童。这意味着辍学和终日生活在危险中，以换取丰厚的报酬。毒品生产需要占用大片土地和控制当地居民。此外，在很多地方，贩毒通常会导致危及人身安全的其他犯罪活动，例如敲诈、人口贩运和性奴役、绑架等。中美洲国家、墨西哥、哥伦比亚以及一些西亚国家都是受害者。这个问题至今没有解决。

4   Global Peace Index and Institute for Economics and Peace. 2014. *Global Peace Index 2014.* Institute for Economics and Peace.

5   Ibid.

6   数字以（2011年）美元不变价格和汇率计算。SIPRI Database, www.sipri.org/research/armaments/milex（2015年2月查阅）。

人权：进步和挑战

普遍人权是对于共同理想的集体愿景，期待人类享有尊严，获得尊重，不受其他差异和差别的影响，并且可以获得充分的机会来实现全面发展。[1]然而，通过国际规范框架和执行国际规范框架之间的差距，表明权力和以法律形式体现出来的权利规则之间的矛盾日益加深。在某些情况下，无论是国际还是国内，实现法治和伸张正义的愿望在强大的利益集团形成的霸权面前败下阵来。当前的挑战是如何通过法治以及社会、文化和道德规范来确保普遍人权。

长期以来，性别是造成歧视的一项重要因素。在过去几十年里，妇女权利得到了加强，特别是通过扩大1979年《消除对妇女一切形式歧视公约》的适用范围和执行《北京国际会议行动纲要》（1995年）。在获得保健和教育方面增进性别平等的工作取得了长足进展，但在促进妇女参与社会、经济和政治生活以及增强妇女在这些领域的话语权方面，进展要小得多。[2]赤贫者大多为妇女。[3]世界上大多数文盲青年和成年人也是妇女。[4]此外，妇女在世界各国议会席位中所占的比例还不到20%。[5]妇女在劳动力市场，特别是在非正式部门的处境本就十分脆弱，由于就业机会减少导致岗位竞争激烈，同时接二连三地受到经济和金融危机的冲击，妇女的地位变得更加岌岌可危。目前，有一半的劳动妇女属于弱势就业，没有工作保障，也没有抵御经济冲击的防护措施。[6]由此加剧了在薪金和职业前景方面歧视妇女的固有模式。

---

1 关于人权普遍性的规定最初见于1948年《世界人权宣言》，后来又出现在《人权宪章》中，后者由联合国通过并经各国政府批准的陆续订立的公约组成。

2 UN. 2013. *A New Global Partnership: Eradicate poverty and transform economies through sustainable development*, Report of the High-level Panel of eminent persons on the post-2015 development agenda.New York, United Nations.

3 Ibid.

4 UNESCO. 2014. *Teaching and Learning: Achieving quality for all. EFA Global Monitoring Report 2013-2014.* Paris, UNESCO.

5 UN Women. 2011. *Progress of the World's Women: In Pursuit of Justice.* New York, UN Women.

6 ILO. 2012. *Global Employment Trends for Women.* Geneva, ILO.

■ 新的知识前景

网络世界

当代发展的显著特征之一是在互联网连接飞速发展和移动技术迅速普及的推动下，出现了网络世界，并发展壮大。[1]我们生活在一个连通的世界里。估计全球有40%的人口正在使用互联网，而且这个数字正在以惊人的速度攀升。[2] 在互联网接入方面，各国和各地区之间的差异很大，但发展中国家接入互联网的家庭数量目前已经超过了发达国家。此外，目前全球70%以上的移动电话用户生活在发展中国家。[3]预计在今后20年内，将有50亿人从没有接入发展到完全连接。[4]但在网络接入问题上，各国和各地区之间仍存在显著差距，例如城乡差距。宽带速度不足和无法联网，阻碍了获取知识、参与社会和经济发展。

互联网改变了人们获取信息和知识的途径、交流方式，以及公共管理和业务的发展方向。有了数字连接，卫生、教育、通信、休闲和福祉方面有望取得新的进展。[5]人工智能的发展、3D打印机、全息再现、即时转换、语音识别和手势识别软件，这些还只是投入试用的一部分。数字技术正在改变人类的活动，从日常生活到国际关系，从工作到休闲，并且正在重新定义私人生活和公共生活的多个方面。

数字技术为表达自由创造了更多机会，为社会、公民和政治动员提供了更多机会，但同时也引发了令人关切的重大问题。例如，在网络世界中获取个人信息，这涉及隐私和安全等重要问题。新的通信和社交空间正在改变关于"社会"的概念，需要可以强制执行的法律和其他保障措施来防止这些技术被过度使用、滥用和误用。[6]关于互联网、移动技术和社交媒体被误用的例子很多，范围从网络欺凌到犯罪活动，甚至涉及恐怖主义。在这个新的网络世界里，教育工作者需要帮助新一代"数字国民"做好更加充分的准备，[7]应对现有数字技术，乃至今后更新技术的伦理和社会问题。

1　International Telecommunication Union. 2013. *Trends in Telecommunication Reform: Transnational aspects of regulation in a networked society*. Geneva, International Telecommunication Union.

2　ITU. 2013. *The world in 2014: Fact and Figures*. Geneva, ITU.

3　ITU. 2014. *Trends in Telecommunication Reform, Special Edition. Fourth-generation regulation*. Geneva, ITU.

4　Schmidt, E. and Cohen, J. 2013. *The New Digital Age: Reshaping the Future of People, Nations and Business*. New York, Knopf.

5　Ibid.

6　Hart, A.D. and Hart Frejd, S. 2013. *The Digital Invasion: How Technology Is Shaping You and Your Relationships*. Ada, MI, Baker Books.

7　Prensky, M. 2001. Digital Natives, Digital Immigrants. *On the horizon*. MCB University Press, Vol. 9, No. 5.

神经科学的进步

教育工作者希望深入了解生物过程和人类学习之间的相互作用，神经科学的最新发展日益吸引着教育界的关注。这一领域的发展目前可能还不够成熟，无法为制定教育政策提供参考，但在改善教学和学习做法方面却显示出极大的潜力。例如，关于大脑在各个阶段如何发育和如何运转的最新理论，可以帮助人们了解自己如何学习以及在何时学习。

一些最重要的理论涉及学习活动的"敏感期"，[1]表明语言习得在幼年时达到顶峰。这突显出幼儿教育的重要性和在幼儿时期学习多种语言的潜力。其他研究结果表明，大脑具有"可塑性"，终其一生，大脑都能够根据环境需求进行自我调整。[2]这项发现支持终身学习理念和不分年龄地为所有人提供适当学习机会的做法。

此外，我们必须承认营养、睡眠、体育运动和娱乐等环境因素对于大脑最佳运转产生的影响。同样重要的是，我们必须承认整体方法的必要性，这种方法认识到身体健康和智力健全之间存在密切的相关关系，而大脑当中主管情感、认知、分析和创造的各个部分相互作用。神经科学领域新的研究方向将加深我们对于天性和培养之间关系的认识，从而有助于我们调节教育行为。

气候变化和替代能源

气候变化是本世纪最严峻的挑战之一，无论是从必要的应对措施，还是从面对气候变化的不利影响所需的必要手段来看，都是如此。要减缓气候变化，需要采取协调一致的行动，以遏制排放和防止对地球造成进一步严重后果；适应意味着要降低脆弱性，同时增强抵御冲击的能力。在提高认识和促进改变行为以减缓及适应气候变化方面，教育起着极其重要的作用。[3]

教育是一项重要因素，可以促进和协助各界实现集体过渡，转而采用可以减缓气候变化不利影响的无碳可再生替代能源。为了从碳能源过渡到无碳能

---

1   OECD. 2007. *Understanding the brain: The birth of a learning science*. Paris, EDUCERI-OECD.

2   Ibid.

3   Lutz, W., Muttarak, R. and Striessnig, E. 2014. Universal education is key to enhanced climate adaptation. *Science*. 28 November 2014. Vol. 346, No. 6213. Education is key to climate adaptation. www.iiasa.ac.at/web/home/about/news/20141127-Science-Pop.html [Accessed February 2015].

源，我们必须改变思想观念，促进有利于这种过渡的思维方式。能源基础设施本身不会促成适当的转变。

另一方面，必须向当前一代和下一代传授在不断变化的环境中根据生态、社会和经济现状而调整生活和生计所需的知识、技能和行为，教育因此成为适应能力的重要组成部分。2014年《关于教育和提高认识的利马部长级宣言》鼓励"各国政府制定教育战略，将气候变化问题纳入课程，在根据本国的优先事项和能力制定并执行国家发展和气候变化战略及政策时，将提高对于气候变化的认识也考虑在内"。

创造性、文化创新和青年

近年来出现了新的文化艺术表现形式。这是世界各地相互联系和文化交流日益增加，继而出现文化适应的结果。这一过程主要是由青年人推动的。我们看到一种新的大众审美情趣正在出现，其中包含丰富的多样性；我们看到了一种创新意愿正在萌发，体现在青年所处的各个领域，从时装到美食、音乐和人际关系。当今世界15—24岁的青年人数超过10亿人，他们是有史以来最明智、最活跃、连接最密切和流动性最强的一代。[1]在世界各地18—24岁的青年当中，估计有超过90%的人正在使用某种形式的社交媒体，例如Facebook和Twitter。他们在社交媒体上花费大量时间探索，并分享这种探索的结果。由此产生的环境加强了对于其他文化的认识和了解，同时涉及世界各地的审美问题，这促使人们认识到其他知识体系的重要性。文化多样性作为发明和创新的源泉，变得日益重要，如今已成为促进人类可持续发展的宝贵资源。[2]

---

1 'Youth-support' by Chernor Bah, Chair, Youth Advocacy Group for Global Education First Initiative (GEFI); Panel discussions: 'Enabling conditions for the delivery of quality global citizenship education: Where are we? Where do we want to go?' Global Citizenship Education: Enabling Conditions & Perspectives, 16 May 2014, UNESCO, Paris. www.unesco.org/new/fileadmin/MULTIMEDIA/HQ/ED/pdf/Chernor-Bah_16May2014.pdf [Accessed February 2015].

2 UNESCO. 2009. *UNESCO World Report Investing in Cultural Diversity and Intercultural Dialogue*. Paris, UNESCO. http://unesdoc.unesco.org/images/0018/001852/185202e.pdf [Accessed February 2015].

■ 另寻出路

承认多元世界中的世界观多样性

面对当前发展模式的复杂性，至关重要的是为实现人类进步和福祉另寻出路。必须强调指出，社会具有多样性，发达国家和发展中国家莫不如此。文化多样性是激发人类创造力和实现财富的最大源泉，这就需要以多种方式来看待这个世界。文化多样性提供了多种不同的方法来解决影响我们所有人的问题和评估生活的基本层面：自然生态系统、社区、个人、宗教和心灵。我们在重申价值观共同核心内容的同时，必须认识到现实生活的多样性。由于多样性的存在，很难采用任何国际定义和国际通行办法，超越传统的卫生、教育和收入指标的观点于是大受欢迎。遗憾的是，人类福祉概念呈现出如此多样化的面貌，其中蕴含的主观因素和背景因素使得现行的多种政策方法显得不够完备和不够充分。[1]

> 我们在重申价值观共同核心内容的同时，必须认识到现实生活的多样性。

1　关于"幸福"概念在国际上有哪些要求，目前并无共识，但现在非常明确的是，传统的社会经济指标已经不够用了。人类发展指数（HDI）整合了收入、健康和教育状况指标，而联合国开发计划署（UNDP）近年来在此基础上更进了一步。出于对日益加剧的不平等和性别问题的关切，有关方面进一步制定了按不平等状况调整的人类发展指数（IHDI）、性别发展指数（GDI）和性别不平等指数（GII）。为超越基于人类进步狭义概念的指标，有关各方采取了一系列举措，试图探索在全球层面衡量包容和可持续性的替代标准。联合国大学提出的包容性财富指数就是一个例子。另外还有：更美好生活倡议（经合组织）；EDP——按环境状况调整的国内净产值（UN SEEA93）；EPI——环境性能指数（耶鲁大学）；ESI——环境可持续性指数（耶鲁大学）；GPI——真实进展指标（重新界定进展）；绿色增长指标（经合组织）；真实储蓄（Pearce，Atkinson & Hamilton）；HCI——人力资本指数（世界经济论坛）；ISEW——可持续经济福利指数（Cobb & Daly）；NNW——国家福利净值（日本政府）；SDI——可持续发展指标（欧盟；英国政府）。

欧洲文化裹挟着知识，高速向我们冲来。我们对于欧洲文化的吸收消化并不完美，由此产生了许多迷乱，但欧洲文化给我们的精神传统注入了矛盾，将我们的精神生活从长期蛰伏中唤醒，化为热情洋溢的觉醒。我反对的是进行人为安排，让这种异化教育占据我们民族思维的全部空间，从而扼杀或阻碍将不同真理结合起来创造新的思想力量的大好机会。正因为如此，我敦促必须加强我国文化中的所有元素，不是抵制西方文化，而是真正地接受和吸收西方文化，将其作为我们的食粮，而不是负担；掌握西方文化，而不是简单地浏览文本和储存书本知识，游离在文化的外围。

资料来源：Tagore, R. 1996. The Centre of Indian Culture. Sisir Kumar Das (ed.), *The English Writings of Rabindranath Tagore, Vol. 2, Plays, Stories, Essays.* New Delhi, Sahitya Akademi, p. 486.

整合各种知识体系

必须探索主流知识模式之外的其他各种知识体系。必须承认和妥善安置其他知识体系，而不是将其贬至劣势地位。对于发现和认识其他世界观保持更加开放的态度，世界各地的社会可以相互借鉴，相互学习。例如，关于人类社会和自然环境之间的关系，可以从农村社会，特别是土著社会学到很多知识。在许多土著文化中，地球被视为母亲。如果没有正当理由，不得损害地球或地球的任何产物，而大多数正当理由都涉及生存。在许多文化中，人类被视为自然的一分子，与其他众生享有平等的权利，但并不优于后者。许多农村社会的时间观念是环形的，而非线性的，这与农业耕种、季节更替以及增进社区精神愉悦的节日和仪式有关。同样，集体决策方法也不一样。一些社会采用民主制度，通过投票做出集体决定，即便是群体规模较小也不例外；其他社会则寻求共识，这意味着会出现争辩、讨论和说服对方。假如我们愿意放弃固有观念，敞开心扉，接受对于现实的各种不同解释，丰富多彩、异彩纷呈的世界观将丰富我们所有人的世界。

> 必须承认和妥善安置其他知识体系，而不是将其贬至劣势地位。

必须记住，正如弗朗茨·法农（Frantz Fanon）、艾梅·塞泽尔（Aimé Césaire）、罗宾德拉纳特·泰戈尔（Rabindranath Tagore）等思想家认为，当我们为某种知识形式赋予特权时，我们其实是在为某种权力体系赋予特权。当今世界的教育和发展前途要求促进不同世界观之间的对话，以期整合源自不同现实的知识体系，确定我们共同的遗产。在国际教育问题辩论中，需要倾听来自发展中国家的声音。例如，拉丁美洲的安第斯社区采用"sumak kawsay"一词来表达发展的概念。"sumak kawsay"是盖丘亚语，意为"美好生活"。"sumak kawsay"源自土著文化和土著世界观，有人提议以此作为一种新的发展观，并且已经将其纳入了厄瓜多尔和玻利维亚的宪法。圣雄甘地提出的"托管"概念也值得考虑，这种理论认为，我们不是作为"所有者"，而是受所有生物和子孙后代的"委托"，持有地球的财富。[1]

框注3. Sumak Kawsay（美好生活）：新的发展观

"sumak kawsay"概念源自厄瓜多尔安第斯山区盖丘亚人的世界观，在西班牙语中意为"Buen vivir"，在英语中可以大致译为"美好生活"，其中含有和谐集体发展之意，认为个人身处社会和文化环境当中，是自然环境的一分子。这个概念源自盖丘亚人的土著信仰体系，对于主流发展模式持有西方文化中的批评态度，在人与人之间以及人与自然环境之间和谐相处的基础上，提出了一种新的发展模式。

在这个概念的指导下，《厄瓜多尔宪法》最近做出修订，提出"在多样性以及与自然和谐相处的基础上，采用新的公共共存形式，以实现美好生活，也就是'sumak kawsay'"。《厄瓜多尔宪法》的基石是承认"人们有权生活在健康、生态平衡、可以保障可持续性和美好生活（sumak kawsay）的环境当中"。该部宪法还进一步规定，下列事项属于国家的责任："促进知识的创造和生成，支持科学技术研究，更新祖先的智慧，以促进实现美好生活（sumak kawsay）。"[2]

1　M. K. Gandhi, 1960. *Trusteeship*. Compiled by Ravindra Kelekar. Ahemadabad, India, Jitendra T. Desai Navajivan Mudranalaya.

2　见《厄瓜多尔宪法》第14条和第387条：第14条——Se reconoce el derecho de la población a vivir en un ambiente sano y ecológicamente equilibrado, que garantice la sostenibilidad y el buen vivir, sumak kawsay；第387条——Será responsabilidad del Estado: [...] 2. Promover la generación y producción de conocimiento, fomentar la investigación científica y tecnológica, y potenciar los saberes ancestrales, para así contribuir a la realizacion del buen vivir, al sumak kawsay。

在多样化的世界中重新规划教育愿景

由此可见，必须根据公平、可行、可持续的人类和社会发展新观念来重新审视教育的目的。这一可持续的愿景必须考虑到人类发展的社会、环境和经济层面，以及所有这些因素与教育的相互影响："赋权型教育可以培养出我们所需的人力资源，这样的人才富有生产力，能够继续学习、解决问题、具有创造力，能够以和平、和谐的方式与他人共处，与自然实现共存。假如国家确保所有人终其一生都可以获得这种教育，一场悄无声息的变革即将拉开序幕：教育将成为实现可持续发展的动力和建设更美好世界的关键。"[1]教育可以，而且必须促进新的全球可持续发展观。

框注4. 通过教育促进可持续发展

"应当确认，教育（包括正规教育）、公众认识和培训是使人类和社会能够充分发挥潜力的途径。教育是促进可持续发展和提高人们解决环境与发展问题的能力的关键。"

——《二十一世纪议程》，第36章，第3段，1992年

2014年《爱知县名古屋可持续发展教育宣言》请各国政府"努力将可持续发展教育更加有效地纳入教育、培训和可持续发展政策"。

主流功利主义教育观应该接受关于人类福祉的其他解读方式，并因此注重教育作为共同利益的相关性。

所有形式的有组织学习都可以促进适应和变革。要让个人和社区能够适应当地及国际层面的环境、社会和经济变革，优质基础教育以及进一步的学习和培训必不可少。学习对于赋权和增强能力以实现社会变革同样至关重要。事实上，教育可以帮助我们完成更为艰巨的任务——改变思维方式和世界观。人们需要更多机会过上有意义的生活，享有平等的尊严，而教育对于扩大这种机会的能力建设至关重要。新的教育观应包括，培养学生学会批判性思维、独立判断和开展辩论。

---

1   Power, C. 2015. *The Power of Education: Education for All, Development, Globalisation and UNESCO.* London, Springer.

要实现这些转变，必须改善教育质量，同时提高由个人和社区决定的、具有经济和社会针对性的办学质量。

获得优质教育的权利就是获得有意义的相关学习的权利。但在多样化的世界里，不同社区有着不同的学习需要。因此，相关学习必须体现出各种文化、各个群体如何定义有尊严的生活所需的要素。我们必须承认，对于生活质量，有多种不同的定义方法，因此对于必要的学习内容也会有各种不同的定义方法。主流功利主义教育观念应接受关于人类福祉的其他解读方式，并因此注重教育作为共同利益的相关性。这意味着倾听沉默者的心声。在集体追逐幸福的过程中，这种多样性蕴含的巨大财富可以启迪我们每一个人。人文主义观点是改变教育观和幸福观的必要基础。

第二章　重申人文主义方法

第二章　重申人文主义方法

❝我的人性与你紧密相联，我们站在一起，始成人类。❞

德斯蒙德·图图（Desmond Tutu），南非社会权利活动家和主教

　　维护和增强个人在其他人和自然面前的尊严、能力和福祉，应是21世纪教育的根本宗旨。这种愿望可以称为人文主义，是联合国教科文组织应从概念和实践两方面承担起的使命。人文主义概念在联合国教科文组织有着悠久的传统。早在1953年，联合国教科文组织就公布了在新德里召开的"东西方人文主义和教育"国际圆桌讨论会的会议纪要。[1]

　　人文主义概念在多元化的文化和宗教传统以及形形色色的哲学解读中也有着悠久的传统。例如，一种著名的人文主义解读支持无神论和世俗理性主义。这种解读还扩展到其他哲学，例如现象学或存在主义，认为人类与自然世界的其他生命之间存在本体差异。在宗教领域也存在深厚的人文主义解读，认为人类的种种成就——教育、文化和科学成就——体现出人类与自然、宇宙和造物主之间的关系臻于成熟。20世纪末至21世纪初，以人类为中心和以上帝为中心的人文主义遭到了后现代主义者、某些女权主义者和生态学家的批判，近年来更是遭到了某些自视为超人文主义者甚或后人文主义者的批判，他们要求进行生物选择和激进的改善。

　　上述各种解读都提出了重要的道德和伦理问题，这显然也是教育关切的问题。

1　UNESCO Unity and Diversity of Cultures. 1953. *Humanism and Education in East and West: An international round-table discussion.* Paris, UNESCO.

■ 人文主义教育观

人文主义观念再次提出了一套普遍适用的伦理原则，应以此为基础，采取综合方法落实全民教育的目的和组织。这种方法会影响到学习过程的设计，以促进相关知识的习得和服务于全人类的能力培养。人文主义方法让教育辩论超越了经济发展中的功利主义作用，着重关注包容性和不会产生排斥及边缘化的教育。人文主义方法可以指导人们应对全球学习格局的变化，教师和其他教育工作者依然是促进学习的核心力量，以实现所有人的可持续发展。

挑战主流发展言论

在讨论教育的目标和宗旨以及我们向往的理想社会等宏大问题时，我们必须考虑到文化、社会、经济、道德和公民等各个方面。教育的经济功能无疑是重要的，但我们必须超越单纯的功利主义观点以及以众多国际发展讨论体现出的人力资本观念。[1]教育不仅关系到获取技能，还涉及尊重生命和人格尊严的价值观，而这是在多样化世界中实现社会和谐的必要条件。伦理问题对于发展进程至关重要，认识到这一点，便可以反驳当前的主流言论。这样的认识增强了教育在培养能力方面的作用，让人们能够过上阿马蒂亚·森（Amartya Sen）提出的发展观所描绘的有意义和有尊严的生活。[2]

基于健全的伦理和道德基础的综合方法

因此，有必要重新确立终身学习的人文主义方法，以促进社会、经济和文化发展。当然，可根据不同的学习环境和在人生的不同阶段，决定具体侧重于哪个方面。在重申终身学习作为教育组织原则的重要性时，必须将社会、经济和文化等各个方面结合起来。[3]人文主义教育方法超越了科学人文主义概念，联合国教科文组织首任总干事朱利安·赫胥黎（Julian Huxley）建议以此作为本组织的指导原则，1972年《富尔报告》也采纳这一概念。[4]如上所述，对于人

---

1   例如，2013年高级专家组关于2015年后发展的报告用了两页篇幅专门探讨教育问题，其中就采用了"人力资本方法"一词，指教育投资产生的回报及其对于培养"有生产力的公民"的贡献。
2   Sen, A. 1999. *Development as Freedom*. New York, Random House; Sen, A. 1999. *Commodities and Capabilities*. New Delhi, Oxford University Press.
3   值得一提的是，与教育有关的2015年后拟议可持续发展目标提到了终身学习："确保包容和公平的优质教育和促进人人享有终身学习机会"，https://sustainabledevelopment.un.org/content/documents/1579SDGs%20Proposal.pdf（2015年2月查阅）。
4   见 Huxley, J. 1946. *UNESCO: Its purpose and philosophy*. Paris, UNESCO Preparatory Commission; and, the recent reference to this in Haddad, G. and Aubin, J. P. 2013. Toward a humanism of knowledge, action and cooperation. *International Review of Education*, Vol. 59, No. 3, pp. 331-341.

文主义有多种解读，而且往往是相互矛盾的，每一种解读都提出了重要的道德和伦理问题，这些显然也是教育关切的问题。可以这样认为，维护和增强个人在其他人和自然面前的尊严、能力和福祉，应是21世纪教育的根本宗旨。[1] 应将以下人文主义价值观作为教育的基础和宗旨：尊重生命和人格尊严，权利平等和社会正义，文化和社会多样性，以及为建设我们共同的未来而实现团结和共担责任的意识。正如马丁·布伯（Martin Buber）[2] 和保罗·弗莱雷(Paulo Freire)[3] 鼓励人们采取对话方式来进行学习，我们还必须摒弃异化个人和将个人作为商品的学习体系，弃绝分裂民众和使之丧失人性的社会做法。要想实现可持续性与和平，我们必须用这些价值观和原则来教育学生。

> 可以这样认为，维护和增强个人在其他人和自然面前的尊严、能力和福祉，应是21世纪教育的根本宗旨。

以这种方式来扩大教育范围，可以让教育成为推动变革的力量，有助于实现人人共享的可持续的未来。在这个道德基础上，批判性思维、独立判断、解决问题，以及信息和媒体素养是培养变革态度的关键。正如1996年《德洛尔报告》指出的，在当今世界，可持续性已经成为全球发展的核心关切问题，综合性人文主义教育观显得格外重要。在可持续发展状态下，经济增长要服从环境管理和对于社会正义的关切；要实现可持续发展，需要采取综合教育方法来应对社会、道德、经济、文化、公民和精神等多个层面。

我们需要采取整体的教育和学习方法，克服认知、情感和伦理等方面的传统二元论。各界日益认识到，消除认知和其他学习形式之间的矛盾对立，对于教育至关重要，就连侧重于衡量学校教育学习成绩的人也不例外。最近有人提出了更加全面的评估框架，超越传统学习领域，包括社交和情感学习或文化和艺术。[4] 关于能否通过测量手段反映出这种重要的情感、社会和伦理学习，各方存在分歧严重的保留意见，特别是在国际层面上，但这些努力表明，人们已经认识到需要超越传统的学术学习。

1　例如，见 'On Dignity', *Diogenes*, August 2007, Nol. 54, No. 3, http:// dio.sagepub.com/content/54/3. toc#content-block [Accessed February 2015].

2　Morgan, W. J. and Guilherme, A. 2014. *Buber and Education: Dialogue as conflict resolution*. London, Routledge.

3　例如，见 Roberts, P. 2000. *Education, Literacy, and Humanization: Exploring the work of Paulo Freire*. Westport, CT and London, Bergin and Garvey.

4　例如，见国际学习衡量标准工作组的作品。

重新解读和保护教育的四大支柱

1996年《德洛尔报告》提出的最具影响力的概念之一是学习的四大支柱。报告指出，正规教育往往强调某种类型的知识，而损害了人类发展必不可少的其他知识。报告申明，所有的有组织学习都应给予四大支柱同等的重视：[1]

- 学会求知——学习广泛的一般性知识，并有机会就少数科目开展深入研究。

- 学会做事——不仅要掌握职业技能，还要具备处理各种情况和团队协作的能力。

- 学会做人——培养个性，能够在不断增强的自主性、判断力和个人责任的基础上采取行动。

- 学会共处——加深对于他人的理解，认识相互依存的道理。

反映在学习的四大支柱中的综合教育理念对于世界各地许多国家的政策辩论、教师培训和课程开发产生了深远的影响。最近的一个例子是，四大支柱被用作西班牙巴斯克地区基础教育学校课程的出发点，并适当调整其内容，以适应当地的发展状况。这四大支柱对于综合教育方法依然具有现实意义。因其具有普遍性，可以根据不同背景和时代，对必要的综合学习类型做出解读。由于可持续性越来越受关注，对于支柱本身可能也需要做出新的解释。例如，学会共处必须超越人际交往的社会和文化层面，涵盖人类社会与自然环境的关系问题。

更令人关切的是，由于当前的社会挑战，学习的四大支柱正面临严重的威胁，特别是"学会做人"和"学会共处"这两大支柱，而这最能反映出教育的社会化功能。在学习过程中强化伦理原则和价值观，对于保护人文主义教育观的这些支柱至关重要。

> 由于当前的社会挑战，学习的四大支柱正面临严重的威胁，特别是"学会做人"和"学会共处"这两大支柱。

---

1   Delors, J. et al. 1996. *Learning: The treasure within*. Paris, UNESCO.

学会学习和能力培养

目前正在开展多项国际辩论，探讨在当前复杂多变的环境下需要哪些技能和能力。然而，关于技能和能力的定义五花八门，在内容上往往相互重叠，而且技能和能力的分类方式也多种多样，这就产生了混淆。"技能"和"能力"这两个词往往是可以互换的，但二者之间的区别也是很明显的。能力的范围更广，是指在特定情况下运用知识（从广义上可以理解为涵盖信息、理解、技能、价值观和态度）和满足需求的能力。

框注5. 基础技能、可转移技能和职业技术技能

《2012年全民教育全球监测报告》提出了一种实用方法，根据工作对技能进行分类。报告列出了所有青年都需要的三类主要技能——基础技能、可转移技能和职业技术技能，以及青年获得这些技能的环境：

基础技能：最基本的基础技能包括找到薪金能够满足日常需要的工作所需的读写和计算技能。这些基础技能同时也是接受进一步教育和培训以及获得可转移技能和职业技术技能的前提条件。

可转移技能：找到工作和保持工作，需要可以转移和适应不同工作需求及环境的多种技能。可转移技能包括：分析问题，找到适当的解决办法，有效地交流思想和信息，具有创造力，体现出领导能力和责任感，以及展示出创业能力。在一定程度上，这些技能是在学校环境外培养而成的，但可通过教育和培训来进一步完善这些技能。

职业技术技能：许多工作需要特定的技术专业知识，从种植蔬菜、使用缝纫机、砌砖或木工，到在办公室里使用电脑，无不如此。职业技术技能可以通过与中学教育和正规职业技术教育相联结的工作场所项目获得，或通过包括传统学徒制和农业合作社在内的基于工作的培训获得。

资料来源：UNESCO. 2012. *Youth and Skills: Putting education to work. EFA Global Monitoring Report 2012.* Paris, UNESCO.

重视"软"技能、"可转移技能"、"非认知"技能或"21世纪"技能的重要性，丰富了当前关于教育内容和教育方法的思考。其中蕴含的根本理由是，卓越的竞争力，需要创造力和创业能力。这项理由对于教育的经济功能很重要，但更重要的是，需要培养个人和社区具备应对人类生存的各方面问题所需的能力，也就是有助于增强二者权能的能力。这些能力能够帮助人们在特定情况下以富有创造性和负责任的方式运用有关知识（信息、理解、技能和价值观），找出解决办法，与他人建立新的关系。

所需的知识不是由某一中央机关指定的，而是由学校、教师和社区来确定的。这不仅限于传播知识，而是根据人们的需要来探索、研究、试验和创造知识。运用这种知识的目的在于：培养基本的语言和交流技能；解决问题；以及培养更高层次的技能，例如逻辑思维、分析、综合、推理、演绎、归纳和假设。获取这种知识的过程，可以培养出最重要的技能：获取信息和批判性处理信息的能力。学会如何学习从来没有像今天这么重要。

学会如何学习从来没有像今天这么重要。

互联网目前可以提供的信息量大得惊人。目前的挑战是，如何教会学习者理解他们每天面临的纷繁芜杂的信息，鉴别可靠的来源，评估信息内容的可靠性和有效性，质疑信息的真实性和准确性，将这种新的知识与以往所学内容联系起来，以及根据已经掌握的信息来辨别信息的重要性。[1]

重新思考课程编排

从政策制定和内容的角度来看，什么才是人文主义课程呢？就学习内容和学习方法而言，人文主义课程提出的问题当然会多于课程提供的答案。这种课程提倡尊重多样性，反对一切形式的（文化）霸权、刻板观念和偏见。这种课程建立在跨文化教育的基础上，承认社会多元化，同时确保在多元化和共同价值观之间保持平衡。说到政策，我们必须要记住，课程框架是将广泛的教育目标与实现这些目标的过程联系起来的桥梁。要让课程框架具备合法性，制定教

1　Facer, K. 2011. *Learning Futures: Education, Technology and Social Challenges.* New York, Routledge.

育目标的政策对话过程必须做到普遍参与和包容。[1]课程政策和课程内容必须以社会和经济正义、平等和环境责任原则为指导，而这些正是维护可持续发展的中流砥柱。

■ 确保增强教育的包容性

基础教育进步，但不平等依然存在

自2000年以来，在保障获得基础教育的权利上，我们取得了长足进展，这在一定程度上要归功于全民教育和千年发展目标框架。这方面的进展具体表现为：入学率提高；失学儿童减少；识字率提高，特别是青年识字率上升；世界各地的入学率和成人识字率的性别差距缩小。

虽然取得了这些进展，但各国政府和国际发展合作伙伴早在1990年做出的承诺——"满足所有儿童、青年和成人的基本学习需要"——至今仍未兑现。全球将近6 000万儿童和7 000万青少年仍未获得有效的基础教育。2011年，将近7.75亿成年人不具备基本识字能力。即使是能够获得正规基础教育，也由于学校教育不完整和教育质量差，造成基本技能习得不完善，教育质量和学习的针对性依然是主要关切的问题。至少有2.5亿儿童在经过至少四年的学校教育之后，依然不具备充足的读写和计算能力。[2]

此外，各国之间依然存在严重的不平等，而且许多国家的全国平均数掩盖了国内基础教育成绩和成果方面的巨大差距。[3]性别、城市或农村居民等导致教育边缘化的传统因素，再加之收入、语言、少数地位和残疾等因素，依然造成"互相助长的不利处境"，特别是在低收入国家或受冲突影响的国家。[4]

---

1 Amadio, M., Opertti, R., Tedesco, J.C. 2014. Curriculum in the Twenty-First Century: Challenges, Tensions and Open Questions. *ERF Working Papers,* No. 9. Paris, UNESCO.
另见 International Bureau of Education UNESCO. 2013. The Curriculum Debate: Why It Is Important Today. *IBE Working Papers on Curriculum Issues* No. 10. Geneva, IBE UNESCO.
2 UNESCO. 2014. *Teaching and Learning: Achieving quality for all. EFA Global Monitoring Report 2013-2014.* Paris, UNESCO.
3 摘自《马斯喀特协定》（2014年），其中提到了全球监测报告的数据。超过5 700万儿童和6 900万青少年仍然得不到有效的基础教育。2011年估计有7.74亿成年人是文盲。
4 UNESCO. 2011. *The hidden crisis: Armed conflict and education. EFA Global Monitoring Report 2011.* Paris, UNESCO.

框注6. 残疾儿童往往被忽视

残疾儿童往往被剥夺了受教育的权利。关于他们上学的情况，往往鲜为人知。残疾儿童数据的收集工作不是直接开展的，但数据对于确保制定政策来消除这些儿童面临的困境却是至关重要的。

据估计，2004年有9 300万14岁以下儿童（占全球儿童总数的5.1%）患有"中度或重度残疾"。《世界卫生调查》显示，在15个中低收入国家中，14个国家处在劳动年龄的残疾人读完小学的可能性大约比其他人低三分之一。例如，孟加拉国有30%的残疾人读完了小学，而非残疾人的这一比例则为48%，赞比亚的相应比例分别为43%和57%，巴拉圭为 56%和72%。

有数据表明，残疾风险较高的儿童被剥夺受教育机会的可能性会大得多。在孟加拉国、不丹和伊拉克，患有精神障碍的儿童最有可能被剥夺受教育权。例如在伊拉克，2006年6—9岁无残疾风险的儿童当中，没有入学的比例为10%，而有听力障碍风险的儿童中这一比例为19%，有较高的精神障碍风险的儿童中这一比例为51%。在泰国，2005/2006年几乎所有6—9岁的无残疾儿童都入学读书，但在患有行走或运动障碍的儿童当中，34%的儿童从未上过学。

资料来源：UNESCO. 2014. *Teaching and Learning: Achieving quality for all. EFA Global Monitoring Report 2013-2014.* Paris, UNESCO.

基础教育中的性别平等

教育中的性别平等长期以来被狭义地等同于各正规教育阶段的性别均等。性别一直以来都是衡量教育不平等和教育差距的一个因素，女童和妇女往往处于劣势地位。但我们注意到，2000年以来，世界各地在缩小差距方面取得了显著进展，进入各级正规教育的女童和妇女比例提升。事实上，中欧和东欧、中亚、东亚和太平洋地区、拉丁美洲和加勒比地区、北美和西欧等地在初等教育阶段已经实现了性别均等。此外，自2000年以来，缩小性别差距方面取得了显著进展，特别是在南亚和西亚，其次是撒哈拉以南非洲和阿拉伯国家。进展虽大，但大多数失学儿童仍是女童，而且在全球识字水平不高的青年和成人当中，三分之二是女性。为协助增强妇女权利，男童和男人也必须参与消除性别不平等的斗争。这项工作必须从基础教育开始。

中等教育和高等教育中的性别均等

在中等教育阶段，包括中亚、东亚、拉丁美洲和加勒比地区、北美和西欧在内的多个区域已经实现了性别均等的目标。其他区域的性别差距一直在缩小，特别是在南亚和西亚，其次是阿拉伯国家。撒哈拉以南非洲、西亚和南亚的中等教育入学率性别差距最为突出，而这些地区的平均入学率也是最低的。在高等教育阶段，撒哈拉以南非洲大学生中的妇女比例仍然很小，要在高等教育中实现性别均等，仍是一项严峻的挑战。在世界其他地区，大部分区域都取得了进展，阿拉伯国家、东亚和太平洋地区，以及南亚和西亚的进展尤为显著。在中欧和东欧、加勒比地区、北美、太平洋地区以及西欧等地，接受高等教育的妇女比例事实上高于男性。这不仅仅是因为女童的中等教育入学率增速较快，同时也是因为很多地区的男童在中等教育阶段的成绩较差，完成率较低。另一个令人关切的问题是，加勒比地区和拉丁美洲等地的男童在中等教育阶段的辍学率高，这会给社会融合造成更大的压力。

教育作为潜在的均衡器

教育往往会再生产甚至加剧不平等，但也可以起到均衡的作用。具有包容性的教育过程对于公平的发展至关重要，这一点对于各教育阶段都是一样的。

幼儿教育：例如，在幼儿教育阶段，我们注意到，人们越来越认识到早期干预对于今后的学习和生活机遇具有重要意义。研究结果表明，对于幼儿的早期干预至关重要，这不仅是为了幼儿自身的幸福成长，而且对于人力资本的发展、社会融合和经济成功会造成可持续的长期影响。有证据表明，条件最差的儿童（因贫穷、种族和语言少数地位、性别歧视、地处偏远、残疾、暴力和艾滋病病毒/艾滋病感染状况等原因而处于不利境地）从优质的幼儿发展计划中受益最多；而这类儿童参与这些计划的可能性却是最小的。[1]对于早期干预的后期审查发现了这类干预措施卓有成效的一个原因：随着儿童年龄的增长，平均增长轨迹和延迟轨迹之间的差距逐渐拉大。人们现在清楚地认识到，越早进行干预，需要付出的人力、物力就越少，效果也会更好。对于患有特定残疾或是有特殊需要的儿童进行早期干预尤为重要，例如对于患有自闭症或阿斯伯格综合征的儿童的干预。[2]

框注8. 塞内加尔"儿童之家"的经验

塞内加尔儿童的健康状况和社会地位不容乐观，虽然切实付出了努力，但儿童保护问题仍然引发严重关切。面对这种局面，塞内加尔国内有关部门正在考虑将幼儿保育列为优先发展事项。"儿童之家"是儿童早期发展的一种新模式，2002年以来，这种模式与多种正规、非正规和非正式学前教育机构并存。这项计划还有不够完善的地方，但它以当地文化传统为基础，立足社区，得到了宝贵的经验。

"儿童之家"是一种社区机构，目的是支持0—6岁的儿童。这种机构同时也是传统住宅，蕴含某种生活方式、为人处事之道和思维方式，象征着对于非洲价值观的坚守。"儿童之家"是生动活泼的社会化教育场所，被视为儿童学习的起点。

这些"儿童之家"主要面向弱势群体和农村居民，以保证他们能够获得足够的综合性服务。"儿童之家"由民众自主管理，在塞内加尔幼儿教育机构中占20%左右。从结构上看，"儿童之家"是六边形建筑，包括两个房间，其中之一用于儿童教育活动，另一个用于家长教育。这些机构采用全面的综合性幼儿保育方法，包括教育、卫生和营养计划。

参与"儿童之家"是要收费的，但与正规部门的其他幼儿保育机构相比，这里的费用较低。收费是象征性的，让家庭可以围绕属于社区的，并且期望社区能够传承下去的共同利益，开展协同努力。

资料来源：改编自Turpin Bassama, S., 2010. La case des tout-petits au Sénégal. *Revue Internationale d'éducation de Sèvres.* No. 53-2010, pp. 65-75.

---

1   Global Child Development Group. 2011. *Child Development Lancet Series: Executive Summary.* www.globalchilddevelopment.org [Accessed February 2015].

2   Baron-Cohen, S. 2008. *The Facts: Autism and Asperger Syndrome.* Oxford, UK, Oxford University Press.

中等教育：中等教育和高等教育的情况也是如此。世界各地接受基础学校教育的机会增多，增加了对中等教育和高等教育的需求，以及人们对职业技能发展的关注，特别是在青年失业率攀升的情况下以及在反复资质认证的过程中。例如，在某些拉丁美洲和加勒比国家，事实证明，在扩大基础后教育机会的同时出台扶贫公共政策，可以减少不平等："对于教育、劳动力市场机构和法律法规的投入可以改变不平等的现状。在不平等现象减少的拉丁美洲国家，有两个关键因素促成了这种改善：扩大教育，公共资金向穷人转移。……例如，在拉丁美洲和加勒比地区全境，公共教育开支的增加正在提高中学入学率和完成率，而这将成为减少不平等现象的主要决定因素。"[1]

高等教育：在过去15年里，高等教育机会显著增加。2000年以来，全球高等教育的入学率已经翻倍，目前世界各地约有2亿名大学生，其中一半是女性。[2] 然而，近年来虽然出台了多项政策措施，但基于收入和其他社会边缘化因素的差距依然普遍存在。在世界各地，出身高收入群体的学生在高等教育入学机会方面依然保持着相对优势。即使是在入学率较高的国家，少数群体的参与仍落后于全国平均水平。在这方面必须指出的是，高等教育的增长大多出现在，而且目前依然出现在私营部门。私营机构所占的比例日益增加，世界各地的公共部门呈现出私有化的趋势，这会给机会和公平造成影响。高等教育的直接和间接学习成本是出现排斥的主要原因。贷款方案的吸引力很大，但并不普遍。[3]

---

1   UN DESA. 2013. *Inequality Matters*. Report of the World Social Situation 2013. New York, United Nations.
2   根据联合国教科文组织统计研究所的数据。
3   Altbach, P. G., Reisberg, L. and Rumbley, L. E. 2009. *Trends in Global Higher Education: Tracking an Academic Revolution*. Paris, UNESCO. (Report Prepared for the UNESCO 2009 World Conference on Higher Education)

框注9. 墨西哥跨文化大学

据估计，有10%的墨西哥人是土著人口，这个群体在高等教育中的人数是最少的。在墨西哥高等教育的入学人数中，估计只有1%—3%是土著人。

2004年，针对这种不平等现象，墨西哥教育部跨文化和双语教育协调总局创建了数所跨文化大学，各地区的土著组织和学术机构积极参与了这项工作。这些大学设在土著人口密集的地区，可以招收多种学生，但主要针对土著人口。这些大学基于跨文化教育原则，目标是促进不同文化之间的对话，是应对土著人民长期以来和近期提出的各项需求的一种方式。

为承认多样性，跨文化大学建议对于教育活动不要采取一成不变的做法。大学保证尊重某些基本原则，但各所大学会根据其所在地区的需要和潜力来确定课程。借助研究和开发项目，学生可以参与将其与所在社区联系起来的各项活动，目的是促进其所在地区、所属部族和文化的发展，并为之做出贡献。

目前共设有12所跨文化大学，总入学人数约为7 000人，其中女生的比例很高。这些大学在融资、学生的生活条件和政治脆弱性方面都面临着挑战，但为实现教育公平做出了重大贡献。

资料来源：改编自Schmelkes, S. 2009. Intercultural Universities in Mexico: Progress and difficulties. *Intercultural Education*, Vol. 20, No. 1, pp. 5-17. www.tandfonline.com/doi/full/10.1080/14675980802700649 [Accessed February 2015].

■ 教育格局的变化

当今世界的教育格局正在发生剧变，其中涉及学习方法、学习内容和学习空间，中小学教育和高等教育的情况都是如此。可以采用的知识来源增多了，使用门槛降低了，从而扩大了学习机会，这种学习的结构安排可能较为松散，但是更新颖，影响到课堂、教学法、教师的权威和学习过程。

从规模上看，当前的学习格局变化可以同19世纪出现的从传统的工业革命前教育模式向工厂模式的历史性过渡相提并论。在工业革命前的传统教育模式下，人们所学的知识大多来自日常生活和工作活动，而诞生于工业革命时代的大众教育模式（几乎完全）等同于学校学习。此外，学校教育模式基本上依然是将学习与课堂教学联系起来，但其实许多学习（即便是在传统教育环境中）

发生在家庭和其他地方。然而，以教室中的物理空间作为主要学习场所，仍是正规教育系统各个学习阶段的重要特征。[1]

学校教育真的结束了吗？

现在有些人认为，由于电子学习、移动学习和其他数字技术提供了大量学习机会，学校教育模式在数字时代是没有前途的。关于这个问题，我们不妨重温20世纪60年代和70年代关于反学校化的辩论，特别是保罗·古德曼（Paul Goodman）[2]和伊万·伊里奇（Ivan Illich）[3]的著作。学校教育目前的产业模式的确是为了满足一个多世纪前的生产需求而设计出来的，学习模式在过去20年里发生了巨大的变化，知识来源改变了，我们与知识之间的交流互动方式也改变了。正规教育系统变化缓慢，目前的状态与其过去200多年间的情况依然非常相似，这也是事实。[4]但学校教育的重要性并没被削弱。学校教育是制度化学习和在家庭之外实现社会化的第一步，是社会学习——学会做人和学会共处——的重要组成部分。学习不应只是个人的事情。学习作为一种社会经验，需要与他人共同完成，以及通过与同伴和老师进行讨论及辩论的方式来实现。

> 我们需要一种更加流畅的一体化学习方法，让学校教育和正规教育机构与其他非正规教育经验开展更加密切的互动，而且这种互动要从幼儿阶段开始，延续终生。

迈向学习空间网络

无论如何，当今世界教育格局的变革促使人们越来越认识到，正规教育机构之外的学习具有重要性和相关性。目前的发展趋势是从传统教育机构，转向混合、多样化和复杂的学习格局，在这当中，通过多种教育机构和第三方办学者，实现正规学习、非正规学习和非正式学习。[5]我们需要一种更加流畅的一体化学习方法，让学校教育和正规教育机构与其他非正规教育经验开展更加密切的互动，而且这种互动要从幼儿阶段开始，延续终生。学习空间、时间和关系的变化有利于拓展学习空间网络，让非正规和非正式学习空间与正规教育机构相互影响，并相互补充。

---

1   Frey, T. 2010. The future of education. *FuturistSpeaker*. www.futuristspeaker.com/2007/03/the-future-of-education [Accessed February 2015].

2   Goodman, P. 1971. *Compulsory Miseducation*. Harmandsworth, UK, Penguin Books.

3   Illich, I. 1973. *Deschooling Society*. Harmandsworth, UK, Penguin Books.

4   Davidson, C.N. and Goldberg, D.T. with Jones, Z.M. 2009. *The Future of Learning Institutions in the Digital Age*. Cambridge, MA, MIT Press (MacArthur Foundation Report on Digital media and Learning).

5   Scott, C. 2015. The Futures of Learning. *ERF Working Papers*. Paris, UNESCO.

新的学习空间

获取知识的途径拓宽了，在教室、学校、大学和其他教育机构之外出现了新的学习空间，这给以课堂为中心的学习带来了挑战。[1]例如，社交媒体可以为协作和共同创作等活动提供机会，将课堂工作延伸到教室以外。移动设备让学习者能够在教室内外获取教育资源、与他人建立联系或是创建学习内容。[2]同样，高等教育中出现了大规模开放式在线课程（MOOC），一些大学联合起来，共享院系资源，提供课程内容，为惠及世界各地更加广泛的高等教育受众开辟了新的途径。教育格局目前发生的变化为协调所有学习空间创造了良机，可以在正规教育和培训机构以及其他教育经验之间产生协同作用，并且为试验和创新提供了新的机会。

框注10. "墙洞"实验

印度国家信息技术学院（NIIT）的首席科学家苏伽特·米特拉（Sugata Mitra）博士因"墙洞"实验而声名远扬。早在1982年，他就萌发了关于没有监督的学习和电脑的想法。最终在1999年，米特拉博士的团队在印度国家信息技术学院与毗邻的新德里卡尔卡基贫民窟之间的隔墙上挖了一个"墙洞"。穿过这个洞，他们放置了一台供任意使用的电脑。

这台电脑很快在贫民窟的居民，特别是儿童当中引起了轰动。事先毫无经验的儿童自己学会了如何使用电脑。米特拉博士由此得出如下假设：任何一组儿童的基本电脑技能的习得，都可以通过偶发性学习来实现，前提是为学习者创造机会，使其能够用上适当的电脑设备，并且在设备上配备娱乐内容和激励内容，以及某些最基本的（人为）指导。

受到卡尔卡基实验成功的鼓舞，他们又在希沃布里（中央邦城镇）和马丹图西（北方邦的村庄）安放了可供任意使用的电脑。这些实验后来被称为"墙洞"实验。希沃布里和马丹图西两地的研究成果证实了卡尔卡基的实验结果，这两个地方的儿童自己学会了电脑操作技能。这种新的学习方式后来被称为"最低干预式教育"。

1　Hannon, V., Patton, A. and Temperley, J. 2011. *Developing an Innovation-Ecosystem for Education.* Indianapolis, CISCO; Taddei, F. 2009. *Training creative and collaborative knowledge-builders: A major challenge for 21st century education.* Report prepared for the OECD on the future of education. Paris, OECD.

2　Grimus, M. and Ebner, M. 2013. M-Learning in Sub Saharan Africa Context- What is it about. *Proceedings of World Conference on Educational Multimedia, Hypermedia and Telecommunications 2013,* pp. 2028-2033. Chesapeake, VA: AACE.

自1999年启动以来，"墙洞"实验已从新德里卡尔卡基贫民窟的一台电脑，发展到在印度国内以及不丹、柬埔寨、中非共和国等地安放了100多台电脑，其中有些地方甚至非常偏远、闭塞。

注：NIIT有限公司是总部设在古尔冈的一家印度公司，经营着数家营利性高等教育机构。

资料来源：改编自www.hole-in-the-wall.com（2015年2月查阅）。

移动学习

近年来，移动技术应用于学习引发了强烈的关注。据说，移动学习（单独使用或是与其他信息和通信技术结合起来）可以随时随地实现学习。[1]这些技术日新月异，目前包括移动电话和智能手机、平板电脑、电子阅读设备、便携式音频播放器和掌上游戏机。新技术的出现极大地改变了教育过程的性质。移动电话、平板电脑、掌上电脑等轻巧便携设备使得学习不再局限于固定和预定的地点，改变了现代社会知识的性质。[2]学习因此变得更加非正式、个人化和无处不在。[3]由于移动技术的成本低于台式电脑，而且可以从互联网上吸收丰富的资源，移动技术对于教育工作者的吸引力最大。[4]

移动学习在多个教育部门赢得了声誉，促进了基础教育和高等教育，同时将正规教育和非正式教育联系了起来。[5]鉴于其便携性和低成本特性，廉价的移动学习设备具备增加基础教育的可及性和提高教育成效的潜力。[6]移动技术"是将今天的数字鸿沟转变为明天的数字红利，从而实现公平和优质全民教育的关键"。[7]特别是，移动技术的发展给扫盲和语言学习创造出了诸多可能

1　UNESCO. 2013. *Policy Guidelines for mobile learning*. Paris, UNESCO.

2　O'Malley, C., Vavoula, G., Glew, J.P., Taylor, J., Sharples, M. and Lefrere, P. 2003. *MOBIlearn WP4 - Guidelines for Learning/Teaching/Tutoring in a Mobile Environment*. www2.le.ac.uk/Members/gv18/gv-publications [Accessed February 2015].

3　Traxler, J. 2009. Current State of Mobile Learning. M. Alley (ed.), *Mobile Learning: Transforming the Delivery of Education and Training*. Athabasca, AB, Canada, AU Press, pp. 9-24.

4　Kukulska-Hulme, A. 2005. Introduction. J. Traxler and A. Kukulska-Hulme (eds), *Mobile learning – A handbook for educators and trainers*. New York, Routledge, pp. 1-6.

5　Traxler, op. cit.

6　Kim, P.H. 2009. Action Research Approach on Mobile Learning Design for the Underserved. *Education Technology Research Development*. Vol. 57, No. 3, pp. 415-435.

7　ITU and UNESCO. 2014. Mobile learning week: A revolution for inclusive and better education. UNESCO website. www.unesco.org/new/en/media-services/in-focus-articles/mobile-learning-week-a-revolution-for-inclusive- better-education [Accessed February 2015].

性。[1]研究表明，移动技术在提高学习者的识字水平方面卓有成效。由于移动技术可以覆盖更为广泛的受众，为改变处于孤立地位和其他不利条件下的儿童及青年的教育状况带来希望。[2]

框注11. 巴基斯坦为女童开展移动扫盲

联合国教科文组织的移动扫盲项目利用移动电话来补充和支持为生活在巴基斯坦偏远地区的250位少女开办的传统面授扫盲课程。巴基斯坦的文盲问题很严重，对于妇女和女童的影响尤其严重。全国男性成人识字率为69%，而女性仅为40%。教育研究显示，如果没有坚持练习，刚刚掌握不久的识字能力很快就会丧失。项目规划者希望在女童完成课程之后，通过某种方式为她们提供远程支持。

参与这个项目的学生所在的村庄没有电脑，或是没有可靠的固定线路互联网连接，与学生进行交流的唯一途径是借助移动电话。项目教员向学生发送短信，提醒她们练习书写技能或重读作业本上的某些段落。教员还向学生提出问题，女童通过短信方式作答。所有这些活动和交流都旨在巩固女童在面授课程中学到的读写技能。

在这个项目使用移动设备之前，在完成扫盲课程的女童当中只有28%能够在后续测验中得到"A"级成绩。但有了移动支持以后，超过60%的女童得到了"A"。在取得初步成功的基础上，该项目目前正在扩大覆盖范围，覆盖了2 500多名学生。

资料来源：UNESCO. 2013. *Policy Guidelines for Mobile Learning*. Paris, UNESCO, p.15.

1　Joseph, S., Uther, M. 2006. Mobile language learning with multimedia and multi-modal interfaces. *Proceedings of the fourth IEEE International Workshop on Wireless, Mobile and Ubiquitous Technology in Education* (ICHIT '06), pp. 124-128.

2　Saechao, N. 2012. Harnessing Mobile Learning to Advance Global Literacy. *The Asia Foundation*. http://asiafoundation.org/in-asia/2012/09/05/harnessing-mobile-learning-to-advance-global-literacy/ [Accessed February 2015].

大规模开放式在线课程（MOOC）——希望和局限

大规模开放式在线课程在一定程度上也正在改变着高等教育的格局，这引起了政府、教育机构和商业团体的极大关注。[1]大规模开放式在线课程已经成为扩大高等教育可及性和在线教育创新的重要平台，但人们担心这种教育形式可能会加剧不平等，教学法、质量保证、低完成率以及学习的承认和认证等问题，更是引发了严重关切。[2]由于大规模开放式在线课程主要靠自学，不具备其他在线课程的结构安排，人们主要担心的是质量。[3]由于大多数大规模开放式在线课程仍然依赖"信息传输、电脑评分作业和同学互评"，其教学方法遭到批评，被斥为过时落后。[4]缺少人际互动和现场讨论，很难充分满足学生的具体需求。[5]而且，大规模开放式在线课程往往没有学生评估和认证，或是做得不够。有些高等教育机构已经开始向大规模开放课程授予学分，并采用了一些新颖的认证形式，例如徽章，但这些仍被视为等而下之的教育成果，不足以表明学习质量。[6]这种批评可能更切合发达国家的大学，因为在发展中国家，大规模开放式在线课程可能面向不同的需求和不同的参与者。

框注12. 迈向后传统高等教育形式

高等教育机构留给我们的印象是，一个人在一生中只会来这里一次，通常是在18—22岁，以线性方式度过四年时光。我们认为课堂和讲师是主要的信息来源，校园是学习的中心。

然而，这种形象正在迅速改变。职场现在需要交流和批判性思维等技能，与高等教育机构相比，我们从非正式学习经验中获得这些技能反而会更容易些。[……]同样，新的远程教育和在线学习方法正在改变着学生的经验，甚至就在校园里。

资料来源：Butcher, N. and Hoosen, S. 2014. *A Guide to Quality in Post-Traditional Online Higher Education*. Dallas, TX, Academic Partnerships.

---

1   Yuan, L. and Powell, S. 2013. *MOOCs and Open Education: Implications for Higher Education – A White Paper*. Centre for Educational Technology, Interoperability and Standards. http://publications.cetis.ac.uk/2013/667 [Accessed February 2015].

2   Daniel, J.S. 2012. Making Sense of MOOCs: Musings in a Maze of Myth, Paradox and Possibility. *Journal of Interactive Media in Education*. Vol. 3, No. 18. http://jime.open.ac.uk/article/view/259 [Accessed February 2015].

3   Butcher, N. and Hoosen, S. 2014. *A Guide to Quality in Post-Traditional Online Higher Education*. Dallas, TX, Academic Partnerships. www.icde.org/filestore/News/2014_March-April/Guide2.pdf [Accessed February 2015].

4   Bates, T. 2012. *What's right and what's wrong about Coursera-style MOOCs?* www.tonybates.ca/2012/08/05/whats-right-and-whats-wrong-about-coursera-style-moocs [Accessed February 2015].

5   Daniel, op. cit.

6   Bates, op. cit.

传统大学模式面临的挑战

当今高等教育面临的主要挑战之一是如何满足世界各地对于专业资质的大量需求，同时还要让高等教育在以研究为目的和手段的培养工作中继续起到重要作用。在全球竞争日益激烈的情况下，需要重新界定将高等教育机构与社会联系起来的社会契约。这给我们熟知的大学模式的发展前途提出了一些重要问题。事实上，高等教育正在经历着变革，结构和机构呈现多样化，高等教育办学走向国际化，上述大规模开放式在线课程蓬勃发展，萌生出了新的学习质量和学习相关性评估文化，以及公私伙伴关系日益加强。这种不断变化的形势对于融资和人力资源影响很大，挑战既有的教育治理形式，并促使人们关注作为传统大学模式的基础的自治原则和学术自由。

> 在全球竞争日益激烈的情况下，需要重新界定将高等教育机构与社会联系起来的社会契约。

大学排名：使用和滥用[1]

大学排名的发展反映出高等教育国际化的重要趋势，以及人们对于高等教育机构的质量评比产生了日益浓厚的兴趣。人们越来越关注大学排名，但学者、学生、办学方、决策者和发展机构提出了诸多批评。从积极的一面来看，人们越来越希望了解关于高等教育机构"质量"的通俗明了、切实可行且相对简单的综合信息，而排名恰恰满足了这种需求。这种需求之所以增加，是因为在高等教育大众化和办学方日趋多样化的情况下，人们需要在众多大学当中做出明智的选择。许多人认为，排名还有助于高等教育机构的信息透明和问责制。但批评者认为，排名会将大学的注意力从教学和社会责任转移到排名指标看重的科研类型上来。还有人担心，用一套有限的标准来衡量世界各地的大学，而且考虑到各大学希望挤进世界排名前200位的强烈愿望，排名实际上鼓励了高等教育机构的同质化，削弱了大学对于自身环境的响应能力和实际作用。据说，排名看重的是200强大学拥有的优势，这对于公平性产生了极大的影响。

1　摘录和改编自 Marope, P.T.M., Wells, P.J. and Hazelkorn, E. 2013. *Rankings and Accountability in Higher Education: Uses and Misuses.* Paris, UNESCO.

■ 教育工作者在知识社会中的作用

数字技术不会取代教师[1]

教师现在应成为向导，引导学习者（从幼儿时期开始，贯串整个学习轨迹）通过不断扩大知识库来实现发展和进步。

信息量和知识量激增，要求个人和集体采取定性方法来处理信息和知识的传输、传播和获取。考虑到信息和通信技术的潜力，教师现在应成为向导，引导学习者（从幼儿时期开始，贯串整个学习轨迹）通过不断扩大知识库来实现发展和进步。在这种情况下，某些人起初预测，教师职业注定会逐步消亡。这些人称，新的数字技术将逐步取代教师，实现更广泛的知识传播，提高可获得性，最重要的是在教育机会急速扩张的同时节约资金和资源。但我们必须认识到，这种预测已不再令人信服：所有国家必须仍将有效的教学职业视为本国教育政策的优先事项。

扭转教师非专业化趋势

如果教育是为了促进个人的全面发展和促进新的发展模式，教师和其他教育工作者依然是重要的行动者。虽然主流话语一再阐明教师的重要性，但多种趋势表明，无论是发达国家还是发展中国家，都出现了教师非专业化的情况。这些趋势包括：大量不合格的教师涌入，部分原因是师资匮乏，但也有资金短缺的原因；通过合同制教学，聘用代课教师，特别是在日益依靠辅助人员来完成教学工作量的高等教育机构；教师的自主性降低；由于实行标准化考试和高风险的教师评估，教学专业质量下降；私营部门的管理方法侵入教育机构；许多国家的教师薪酬与其他部门专业人员的薪酬之间存在差距。

1　摘录和改编自 Haddad, G. 2012. Teaching: A profession with a future. *Worlds of Education*. No. 159.

框注13. 芬兰教师训练有素，且倍受尊敬

根据经济合作与发展组织（OECD）的国际学生评估项目（PISA），芬兰位列15岁学生的阅读、数学和科学成绩得分最高的国家。这种成功可以归结为多种因素，但主要是由于芬兰具备训练有素、受人尊重的职业教师。在芬兰，教学是受到尊敬的职业，芬兰社会信任教育和教师。他们是高素质人才（全职教师至少需要取得硕士学位），而且职业选拔过程极为严格，只有最佳人选才能获准接受教师培训。教师在内容知识和教学法方面的能力很强，拥有自主权，属于思考型学术专家。

资料来源：Niemi, H., Toom, A. and Kallioniemi A. (eds). 2012. *Miracle of Education: The Principles and Practices of Teaching and Learning in Finnish Schools*.Rotterdam, Sense Publishers.

因此，我们必须反思教师教育和培训的内容及目标。教师需要接受培训，学会促进学习、理解多样性、做到包容、培养与他人共处的能力以及保护和改善环境的能力。教师必须营造尊重他人和安全的课堂环境，鼓励自尊和自主，并且运用多种多样的教学和辅导策略。教师必须与家长和社区进行有效的沟通。教师应与其他教师开展团队合作，维护学校的整体利益。教师应了解自己的学生及其家庭，并能够根据学生的具体情况施教。教师应能够选择适当的教学内容，并有效地利用这些内容来培养学生的能力。教师应运用技术和其他材料，以此作为促进学习的工具。应鼓励教师继续学习和提高专业能力。

我们还应为教师提供更具吸引力、更能激发人的积极性以及更加稳定的生活和工作条件，包括薪资和职业前景。假如我们不想看到我们眼中全球最重要的基础性职业因求职者兴味索然而受到削弱，就必须要这样做。在不断变化的全球化世界中，必须根据教育面临的各种新要求和新挑战，不断调整和反思教师的使命和职业。为此，各级师资培训（从最基本到最专业化）必须更好地吸纳跨学科精神的精髓：跨学科方法可以让我们的教师和教授能够引领我们实现创造力和理性，实现共同进步和共同发展的人文主义，同时尊重我们共同的自然遗产和文化遗产。

> 我们还应为教师提供更具吸引力、更能激发人的积极性以及更加稳定的生活和工作条件，包括薪资和职业前景。假如我们不想看到我们眼中全球最重要的基础性职业因求职者兴味索然而受到削弱，就必须要这样做。

学术职业面临的挑战

由于机会增加，而预算受到限制，世界各地学术职业的地位和工作条件承受着压力。学术职业面临的挑战因区域而异，但各地的教授职位都面临着巨大的难题。扩大高等教育机会，需要有大量的大学教师，但合格学者的培养速度不够快，无法满足需求。全球近一半的大学教师可能只获得了学士学位。在世界许多地方，有一半的教职员工已接近退休年龄。此外，由于付出没有得到充分的补偿，许多博士生提前辍学，或是情愿走出大学另谋职业，而新培养出来的博士太少，无法填补离职者留下的空白。在许多拉丁美洲国家，多达80％的高校教师是兼职教师。由于大学教师不能全身心地投入教学工作，更谈不上研究，这种现象损害了教学质量。况且近年来形成了全球性的学术人才市场，学者在国际上是流动的。更高的薪酬是形成这种流动的主要原因，但也有其他因素，其中包括：工作条件得到改善，特别是研究的基础设施；晋升机会；以及学术自由。"人才外流"和"人才循环"现象（后文将深入探讨）给高等教育的决策和办学提出了挑战。

正规部门以外的教育工作者

> 我们必须回顾教育工作者在确保终身学习方面以及在正规教育系统以外起到的重要作用。

最后，我们必须回顾教育工作者在确保终身学习方面以及在正规教育系统以外起到的重要作用。全球各地为在多种非正规和非正式环境下工作的教育工作者提供的培训项目增多，就证明了这种作用的重要性。这些教育工作者通过社区中心、宗教组织、职业技术培训中心、扫盲课程、志愿者协会、青年团体、体育和艺术计划提供学习机会，而这种学习机会对于个人及社区的发展和福祉具有相当大的意义。

第三章　复杂世界中的教育决策

第三章　复杂世界中的教育决策

全球化正在日益挑战民族国家的自主权，同时也使得决策过程更加复杂。例如，经济活动越来越全球化，但政治决策和行动基本上仍局限在国家层面。各国决策者由此注意到，应对和规范全球化给国家发展造成的影响日益困难。例如，2008年世界经济危机的冲击以及青年失业率的上升（发达国家也不例外）就证明了这一点。同样，学生和工人的跨国界流动日益频繁，新的人才循环模式以及新形式的公民参与，这些都给国家决策带来了全新的挑战。在本章中，我们通过一些实例，探讨这个问题如何影响教育决策。

■ 教育与就业之间日益扩大的鸿沟

低就业增长和不断加剧的脆弱性

经济全球化的加深正在产生低就业增长模式，导致青年失业率攀升和弱势就业，发达国家和发展中国家的社会都受到了影响。低就业增长近年来影响到了欧洲部分地区，新一代年轻人面临的就业前景是要么推迟就业，要么彻底失业。但我们应该还记得，将通过教育和培训获得的技能与劳动力市场的需求相匹配，这并不是最近才出现的难题。[1]此外，我们还应注意到，青年失业说明教育、培训和就业之间匹配失衡，但这也与经济政策选择及政治责任有关。尽管如此，当前的就业趋势让人们对于正规教育与就业之间长久以来的关联产生了怀疑，而国际发展的话语和实践长期以来正是根据这种关联来解释人力资本投资的合理性。

1　例如，见Blaug, M. 1965. The Rate of Return on Investment in Education in Great Britain. *The Manchester School.* Vol. 33.

青年的挫败感加深

合适的就业机会越来越少，这让世界各地的家庭和年轻毕业生感到越来越沮丧。青年的受教育程度越来越高，工作者的文化程度更是普遍提升，这导致就业竞争加剧。特别是在许多发展中国家，大批青年涌入狭窄的劳动力市场，这些人往往是所在社区中教育机会扩大的首批受益者，由此加剧了正规教育培养出的抱负与就业岗位稀缺的现实之间的差距。许多人是首次进入正规教育部门学习，但他们不再能够享受到学历带来的预期收益：就业和关于美好未来的许诺。某些社会阶层和某些国家普遍感到幻灭，不再相信教育是跻身社会上层和增进幸福的有效途径，自20世纪90年代以来，教育机会的大幅度增加激发了人们向社会上层流动的希望；如今，这种希望越来越渺茫，不仅是许多发展中国家，就连发达国家也出现了这种现象。年轻人开始质疑传统"高端"教育路线的"投资回报"。[1]

然而，一定要更加细致地分析和深入了解青年人从教育和培训向工作过渡的情况。这段过渡期延长可能有多种原因，并非都是因为技能不符合劳动力市场的需求。从经济角度来看，这段过渡时间可以说是"没有效益"；但对于一些青年来说，在这段时间里可以通过社会参与、志愿服务、旅行、休闲、艺术等活动，进行重要的学习。此外，受过教育的青年，即便没有就业，也可以处在公民、社会和政治参与的最前沿。

> 某些社会阶层和某些国家普遍感到幻灭，不再相信教育是跻身社会上层和增进幸福的有效途径。

重新思考教育与日新月异的工作领域之间的关系

有人提出了一些对策来解决正规教育及培训与工作领域之间的这种脱节，包括重新培训工人、二次机会计划以及强化正规教育与企业之间的伙伴关系。我们也注意到，职业适应能力受到更多重视。事实上，由于科学技术发展的步伐不断加快，预测新的专业和相关技能需求变得越来越困难。这就促使人们努力发展更加适应实际需求的教育和职业技能培训，增强多样化和灵活性，以便调整能力，以适应快速变化的需求。这意味着要确保个人具有更强的适应能力，能够最有效地掌握和应用职业适应能力。[2]这些能力往往更加重视"可转

1　Facer, K. 2011. *Learning Futures: Education, Technology and Social Challenges.* New York, Routledge.

2　UNESCO. 2011. *Education and Skills for Inclusive and Sustainable Development Beyond 2015.* Thematic Think Piece for the UN Task Team on the Post-2015 International Development Agenda. Paris, UNESCO.

移技能""21世纪技能"和"非认知技能",其中包括交流、数字素养、解决问题、团队合作及创业。

框注14. 增加青年就业机会

鉴于青年就业问题的复杂性,常常有人指出,假如重要的利益攸关方不能团结起来,制定明确的综合战略并做出承诺,解决方案仍将是杯水车薪。在多个不同产业和地区,为改善成果和加深影响而采取的这种集体办法确实行之有效。

南非18—28岁的民众当中有三分之二的人失业。在这里,哈兰比青年就业促进会(Harambee Youth Employment Accelerator)正在帮助南非某些低收入青年"搭建桥梁",在私营部门找到他们的第一份工作。这项举措目前的规模还很小,但提供了到私营部门就业的积极模式。南非零售、酒店和旅游部门的一些大型公司作为合作伙伴,承诺提供工作岗位。南非开发银行设立了"就业基金",私人投资者及雇主提供配套费用,目的是让哈兰比青年就业促进会能够扩大计划规模。

在哥斯达黎加,科技公司行业协会CAMTIC正在执行一项专家计划,将处于弱势的青年与社会对于信息技术技能的需求结合起来,以此来填补信息技术部门的数千个岗位空缺。教育机构根据思科、微软等信息技术公司提供的信息,设计出了证书水平的培训课程,将软技能、语言和技术培训结合起来,学员就业后的工资是国内最低工资的三至五倍。

资料来源:Banerji, A., Lopez, V., McAuliffe, J., Rosen, A., and Salazar-Xirinachs, J.M., with Ahluwalia, P., Habib, M., and Milberg, T. 2014. An 'E.Y.E.' to the Future: Enhancing Youth Employment. *Education and Skills 2.0: New Targets and Innovative Approaches.* Geneva, World Economic Forum.

由此提出了几个关键问题。如何加强教育与就业之间的纽带？在当前背景下如何提高教育和培训的经济及社会价值？如何增强教育，特别是中等教育的针对性，让教育更加契合青年学子的生活以及他们的就业前景？现有措施是否足够？归根结底，解决办法是创造就业机会，这就意味着要加强国家制定合理就业政策的责任。仅靠教育无法解决失业问题，需要反思主流经济发展模式，也可以借此机会反思教育与工作领域之间的关系。最后，一定要认识到在正规教育和培训系统之外持续学习和再学习的重要性。通过自学、同伴学习、基于工作的学习（包括实习和学徒）以及在职培训，或是通过正规教育和培训系统以外的其他学习经历和技能发展，同样可以培养相关技能。因此，我们必须构想能够充分利用各类学习环境潜能的新型教育方法和技能培养方法。

> 仅靠教育无法解决失业问题，需要反思主流经济发展模式。

■ 承认和认证流动世界中的学习

变化的人员流动模式

国际和国内人员流动都达到了历史最高水平。[1]目前，全球七分之一的人口（约有10亿人）可以被视为"流动人口"。[2]发达国家与发展中国家之间的移民流仍在继续，南南移民流的增长甚至更快，而且大有今后进一步增速之势。[3]此外，"经济增长格局的变化"[4]及其给就业和福利带来的影响，正在鼓励越来越多的发达国家居民迁往发展中国家。[5]人员流动模式的这些变化对教育和就业造成了严重影响。

从人才流失到人才流入

鉴于全球人口发展趋势，全球大部分劳动力注定生活在发展中国家。估计到2030年，仅印度一国就将提供全球25％的劳动力，或者说是"全球人才库"中25％的人才。由于这些劳动力中将有很大一部分人到国外去生活和工作，这

1　Rio+20, UNCSD. 2012. Migration and sustainable development. *Rio 2012 Issues Briefs. No.* 15, p. 1.

2　International Organization for Migration. 2011. *World Migration Report 2011. Communicating effectively about migration.* Geneva, International Organization for Migration.

3　UN DESA. 2011. *Urban Population, Development and the Environment.* New York, United Nations.

4　OECD. 2011. *Perspectives on Global Development 2012: Social Cohesion in a Shifting World.* Paris, OECD.

5　IOM. 2013. Migrant, Well-Being and Development. *World Migration Report 2013.* Geneva, IOM; OECD. 2013. *International Migration Outlook 2013.* Paris, OECD.

种人才循环模式引发了人们关于公共资金用于教育和技能培养的关切。2012年，印度这种"人力资本外流"的成本估计高达20亿美元。[1] 但我们必须注意到，由于侨民建立起了侨民社群网络，源源不断地为祖国输入资本和技术，人才流失也会导致人才流入。[2]

框注15. 从人才流失到人才流入：向班加罗尔和海得拉巴的逆向移徙

班加罗尔和海得拉巴被视为"世界主要城市"，在全球信息技术部门占有一席之地。在20世纪70年代和80年代，有人曾经担心印度受过教育的劳动力流向西方国家，特别是美国，这种现象被称为"人才流失"。近年来，证据显示正在出现人才逆流，越来越多在美国接受培训的印度专业人员正在返回祖国，以期利用新的增长和就业机会。技术熟练、活跃于不同国家之间的劳动力在如下多个方面产生了影响：众多经济部门，班加罗尔和海得拉巴的社会及实物基础设施，促进和巩固印度与美国之间的跨国联系。

注：2006年，班加罗尔（Bangalore）更名为班加鲁鲁（Bengaluru）。——校译者注

资料来源：Chacko, E., 2007. From brain drain to brain gain: reverse migration to Bangalore and Hyderabad, India's globalizing high tech cities. *GeoJournal*, 68 (2), pp. 131-140.

工作者和学生的流动性增加

除了技术熟练的劳动力跨境流动增多之外，工作者跨专业流动的现象也增加了。针对这种跨专业和跨地域流动性的增强，全球约有140个国家制定了"国家资质框架"（NQF）。区域资质框架也出现了，这往往是受到"欧洲资质框架"（EQF）的启发。但人口迁移的规模不断扩大，迁移模式也在发生变化，这就使得技术熟练的劳动力的流动变得越来越复杂，越来越全球化，遍及世界各个地区。

1　Winthrop, R. and Bulloch, G. 2012. *The Talent Paradox: Funding education as a global public good*. Brookings Institution. www.brookings.edu/blogs/up-front/posts/2012/11/06-funding-education-winthrop [Accessed February 2015].

2　Morgan, W. J., Appleton, S. and Sives, A. 2006. *Teacher mobility, brain drain and educational resources in the Commonwealth*. Educational Paper No. 66. London, UK Government Department for International Development.

同样，在21世纪的第一个十年里，全球流动学生的人数大幅攀升，而且预计将继续增加。因此，关于承认高等教育学历、文凭和学位的地区公约已然不足以应对高等教育国际化的趋势和学生流动日益增多的情况。

此外，学生的流动并不局限于正规教育机构之间的循环往来，还包括正规、非正规和非正式学习空间之间的学员流动日渐增多。由此引发了关于知识和能力的评估及认证问题，无论这些知识和能力是通过哪种渠道获得的。

大规模学习评估日益受到关注：收益和风险

我们以往关注的重点是教育和培训课程的内容，目前正在转而注重对于所学知识的承认、评估和认证。除了制定基于成果的国家和区域资质框架以外，大规模的成年人技能水平评估越来越受到重视，例如经济合作与发展组织的国际成年人能力评估项目（PIAAC）。关于学生，在过去20年里，由于人们关注教育质量问题，大规模学习评估的数量显著增加，范围也明显扩大。[1] 这些大规模评估可以作为宝贵的工具，用来对国家对于公共和私营部门教育投资的使用情况进行问责，特别是由教育系统来监测最弱势群体的学习成绩。但这种评估也引起了人们的关切。评估鼓励应试教学，因而造成课程安排的趋同，极有可能损害教育经历的质量、相关性和多样性。[2] 政策关注的对象往往仅限于范围狭小的教育成果。假如大规模评估被用于为教育政策提供依据以外的其他目的，例如确定教师工资或学校排名，与这种评估相关的风险就会尤其严重。

> 我们以往关注的重点是教育和培训课程的内容，目前正在转而注重对于所学知识的承认、评估和认证。

---

1   UNESCO. 2014. *Teaching and Learning: Achieving quality for all. EFA Global Monitoring Report 2013-2014.* Paris, UNESCO.

2   例如，课程全球化趋势见Baker, D. and LeTendre, G.K. 2005. *National Differences, Global Similarities: World Culture and the Future of Schooling.* Stanford CA, Stanford University Press.
     另见IBE UNESCO. 2013. *Learning in the post-2015 education and development agenda.* Geneva, IBE UNESCO. Text available in English, French, Spanish, and Arabic.

迈向开放和灵活的终身学习体系

承认和认证通过多种学习途径获得的知识和能力，是终身学习框架的一部分。正如上文所述，社会发展为持续终生和贯串各个领域的教育注入了新的相关性。这并不是一个新的概念，但作为以全面和公平的方式系统化和组织学习的一种手段，依然受到重视。[1] 这个概念的核心内容是增强各年龄段学习者的能力。[2] 鉴于科学技术发展带来的挑战，而且我们已经注意到信息和知识迅速膨胀，终身学习对于应对新的就业模式以及帮助学生掌握个人和社会所需要的能力水平和能力类型，都是至关重要的。

> **社会发展为持续终生和贯串各个领域的教育注入了新的相关性。**

要落实开放和灵活的终身学习体系，有赖于对各种教育和工作空间中的知识和能力进行承认、认证及评估的机制：

- **将透明的、基于成果的资质框架联结起来**

正是本着这种精神，第三届国际职业技术教育与培训大会（2012年，上海）提出了如下建议："通过透明、精心设计和基于成果的资质体系，支持灵活的途径以及个人学习的积累、承认和转移。"

- **制定"世界参考水平"，以承认学习**

工作者在不同区域之间的流动大幅增多，促使有关方面正在开展可行性研究，看能否制定"世界参考水平"，以便在全球层面承认知识和能力。[3]

- **制定关于承认高等教育的国际公约**

除了承认高等教育的地区公约之外，联合国教科文组织近年来开始研究能否拟订一部关于承认高等教育的国际公约。

1　例如，见UNESCO. 2014. *The Muscat Agreement*. Global Education for All Meeting. Muscat, Oman 12-14 May 2014, ED-14/EFA/ME/3 and United Nations. 2014. *Open Working Group proposal for Sustainable Development Goals*. New York, UN General Assembly.

2　UNESCO Institute for Lifelong Learning. 2010. *Annual Report 2009*. Hamburg, UNESCO Institute for Lifelong Learning.

3　Keevy, J. and Chakroun, B. 2015. *The use of level descriptors in the twenty-first century*. Paris, UNESCO.

■ 重新思考多元化互联世界中的公民教育

新的公民表现形式

公立教育通常具有重要的社会、公民和政治功能，关系到民族认同、共同命运意识的形成和公民的塑造。公民概念是指在一个民族国家内部政治共同体的个人成员。因此，公民是一个有争议的概念，可以有多种不同的解读，特别是在分裂的社会当中。移民和难民等少数群体可能会被剥夺与公民身份有关的基本权利。目前关于公民的定义仍以民族国家为核心，但在全球化的影响下，这种概念和相关做法正在发生改变。[1] 跨国社会和政治共同体、民间社会和行动主义都是新型"后国家"公民的表现形式。[2] 全球化创造出了超越民族国家的新型经济、社会和文化空间，正在促成超越民族国家界限的新的身份认同和动员模式。

国家教育面临的挑战

由于跨国公民形式的出现，国家在公民的界定和形成中的作用日益受到挑战。对于公民身份来说，国家仍是最重要的地域因素，无论是"作为正式的法律地位、规范框架，还是作为一种愿望"，但挑战也是真实存在的。[3] 新的通信技术和社交媒体是促成这种转变的重要因素，特别是在青年当中。事实上，当今的青年是人类历史上受教育程度最高、见闻最广和相互联系最多的一代，他们代表着一个绝佳的机会。社交媒体和技术为青年提供了开展动员、协作与创新的渠道，在这些社交媒体和技术的推动下，青年越来越多地参与新型公民、社会和政治活动。数字媒体创造出了新的空间、关系和动态，由此产生的影响给正规教育在公民和政治社会化方面的作用带来了挑战。此外，以博客、Facebook、Twitter 和其他社交媒体为代表的新的数字世界要求我们重新思考公共和私人这两个重要的概念以及它们之间的区别。

> 数字媒体创造出了新的空间、关系和动态，由此产生的影响给正规教育在公民和政治社会化方面的作用带来了挑战。

---

1 改编自 Tawil, S. 2013. Education for 'global citizenship': A framework for discussion. *ERF Working Papers*, No. 7. Paris, UNESCO.

2 Sassen, S. 2002. Towards Post-national and Denationalized Citizenship. E.F. Isin and B.S. Turner (eds), *Handbook of Citizenship Studies*. London, Sage Publications Ltd, pp. 277-291.

3 Ibid.

承认文化多样性，拒绝文化沙文主义

人们越来越认识到文化具有多样性，无论是民族国家长期以来固有的（包括语言和文化少数群体以及土著人），还是因移徙而产生的。特别是，移徙正在丰富教育系统、工作场所和社会中的文化多样性。但我们也看到了文化沙文主义和基于身份的政治动员的兴起，这给世界各地的社会融合带来了严峻的挑战。文化多样性是丰富生活的源泉，但当社会融合受到重压时，文化多样性也会引发冲突。

促进全球公民责任意识和团结[1]

教育在促进发展所需的知识方面，起到了重要作用：首先是与当地及国家的社会、文化和政治环境共命运的意识，以及全人类休戚与共的精神；其次，通过了解地方和全球层面的社会、经济和环境变化的相互依存关系，认识到社区发展面临的挑战；第三，出于个人对社区的责任意识，承诺参与地方、国家及全球层面的公民行动和社会行动。

• 彰显教育中的文化多样性

教育领域应彰显文化多样性。丰富教育中的多样性，可以让教育工作者和学生接触到多种多样的观点和异彩纷呈的世界，从而提高教育质量。根据联合国教科文组织2001年《世界文化多样性宣言》和2005年《保护和促进文化表现形式多样化公约》的精神，必须强调教育的文化方面。[2]

• 鼓励包容性决策

各方需要就最直接影响和塑造身份的教育政策选项达成共识，而多样性的增强给这项工作带来了挑战。这个问题在教学语言的选择和公民教育的性质方面体现得最为明显，包括学习多元文化社会的历史、地理、社会学和宗教。在关键政策问题上采取包容性更强的磋商程序，对于在多样化世界中开展建设性的公民教育至关重要。

---

1 改编自Tawil, S. 2013. Education for 'global citizenship': A framework for discussion. *ERF Working Papers*, No. 7. Paris, UNESCO.

2 Sharp, J. and Vally, R. 2009. Unequal cultures? Racial integration at a South African university and Stoczowski, W. 2009.UNESCO's doctrine of human diversity: a secular soteriology? *Anthropology Today*, 25 (3) June 2009, pp. 3-11.

■ 全球教育治理和国家决策

全球治理的新形式

在落实教育等全球公益方面采取的制定规则和规范系统并不是新鲜事物，但正在变得越来越复杂。长期以来，这些系统是各国政府和政府间组织的责任，但我们现在看到了大量非国家行动者更多地参与进来。"目前有无数的政府和非政府（营利和非营利性）行为者在全球层面参与多种治理安排，甚至是竞争性的治理安排。"[1] 其结果是，权力中心逐步从国家转移到全球层面，这不仅得到政府间组织的推动，而且有越来越多的民间组织、公司、基金会和智库也参与进来。全球层面的治理安排也变得更加复杂，全球教育伙伴关系（GPE）等多边利益攸关方安排就说明了这一点。与卫生等其他发展部门相比，教育和技能培养领域的全球治理安排的潜在影响可以说是更具争议。这是因为国家教育政策从根本上讲具有政治性质，而且国家教育政策中蕴含着多种互相交织的伦理、文化、经济、社会和公民问题。

> 全球层面的治理安排也变得更加复杂。

问责制和相关数据需求

在国家及全球层面参与和关注公共教育的诸多利益攸关方认为，数据对于治理和问责至关重要。在国家层面，教育主管部门务必要能够解释清楚，公共开支的一大部分（以数额巨大的私营部门投资作为补充）如何确保所有儿童、青年和成人接受基础教育的权利，以实现切实有效和有针对性的学习。同样，国家主管部门务必要能够解释清楚，如何确保基础后教育和培训的机会平等。在全球层面，数据越来越标准化和量化，表现为国际可比较统计数据、指标、综合指数以及大规模评估数据，所有这些数据都被用于开展监测、制定基准和排名。[2] 这些数据越来越多地用来为教育决策和教育投资提供依据，并使其合法化。

在这种理论的基础上，有人呼吁针对发展的各个方面发起一场"数据革命"。[1] 事实上，自2000年以来在千年发展目标和全民教育框架内制定全球目标的经验鼓励有关方面报告国家汇总数据，这往往掩盖了国内的不平等程度和差距。假如我们关注的是为所有人提供有效和相关学习机会方面的公平性，那么，在制定国家目标时就应允许报告分类更加细致的数据。数据的收集和使用不能局限于性别和城乡居民等造成歧视的传统因素，应纳入收入和（如可能的话）少数地位。更好地利用家庭生活水平、健康或劳动调查等其他数据集，就可以做到这一点。

变化中的教育融资模式

随着基础教育和基础后教育机会的扩大，我们对于正规教育和培训系统的公共融资所承受的压力，有了更加深刻的认识。因此，必须更加有效地利用这些有限的资源；确保强化教育领域的公共资源投资的问责制；以及，通过增强财政能力、提倡增加官方发展援助和与非国家行为者建立新的伙伴关系，设法提供补充资金。捐助者在补充国家公共开支，特别是基础教育开支方面历来起着重要作用。人们注意到，"多边机构的公开声明表示坚定地支持教育事业。此外，政府、民间社会和私营部门的发展中国家利益攸关方调查发现，对于更广泛的教育支持存在大量需求。虽然这是一项需要优先处理的问题，而且需求迫切，但有证据表明，与其他部门相比，对于基础教育的多边支持正在放缓"[2]。这种减速恰恰出现在一些国家最需要获得支持的时候。[3] 事实上，用于公共教育的国际援助份额对于许多低收入国家依然很重要。在九个国家（全部在撒哈拉以南非洲），国际援助占公共教育开支的四分之一以上。[4] 此外，人才的跨国流动日益得到认可，由此出现了关于采取全球集体行动的呼声，特别是要求建立融资机制，为作为全球公益事业的教育获得的国家公共开支提供补充资金。[5]

1   United Nations. 2013. *A New Global Partnership: Eradicate poverty and transform economies for sustainable development*. The Report of the High-Level Panel of Eminent Persons on the Post-2015 Development Agenda. New York, United Nations.

2   Pauline, R. and Steer, L. 2013. *Financing for Global Education Opportunities for Multilateral Action: A report prepared for the UN Special Envoy for Global Education for the High-level Roundtable on Learning for All*. Center for Universal Education (CUE) at Brookings Institution and UNESCO EFA GMR. It addresses issues concerning the financing of basic education (Basic Education at risk). www.brookings.edu/~/media/research/files/reports/2013/09/financing%20global%20education/basic%20education%20financing%20final%20%20webv2.pdf [Accessed February 2015].

3   Bokova, I. 2014. Opening Speech. *Global Education for All Meeting*. 12-14 May 2014. Muscat, Sultanate of Oman. www.unesco.org/new/fileadmin/MULTIMEDIA/HQ/ED/ED_new/pdf/UNESCO-DG.pdf [Accessed February 2015].

4   UNESCO. 2012. *Youth and skills: Putting education to work. EFA Global Monitoring Report 2012*. Paris, UNESCO, p. 146.

5   Winthrop, R. and Bulloch, G. 2012.

捐助者对于国家决策的影响

捐助者不仅提供发展援助，以补充亟需的国内资源，他们还会对教育政策施加巨大的影响。这可能会产生积极和消极两种效应。例如，民间社会教育基金（CSEF）和全球教育伙伴关系（GPE）促进了民间社会对地方教育团体的参与。这项举措让民间社会能够与政府及捐助者一起参与制定教育计划，跟踪为实现全民教育目标取得的进展。[1]然而，假如捐助者为提供援助设置条件或规则，政府可能会相应地被迫改变政策。[2]目前的发展趋势是，众多捐助机构采用按结果提供资金的做法，这或许可以实现其预期目标。但这种做法可能与具体国家的政策不符，而且可能会损害自产、自有、符合实际情况和可持续的解决方案。因此，捐助者应支持政府、当地民间社会和利益攸关方制定并执行虑及本国期望、优先事项、背景和条件的政策。

不断变化的国际合作态势

自发布《德洛尔报告》（1996年）以及通过千年发展目标（2000年）以来，国际援助形势大为改变。南北援助流动依然很重要，但南南合作与三边合作在国际化发展中起到了日益重要的作用。全球金融危机和新经济大国的崛起也有助于改变各国之间的关系，建立新的国际援助架构。随着各国面临的困难越来越相似（失业、不平等、气候变化等），现在有人呼吁将普遍性和一体化作为未来的2015年后发展议程的基本特点。事实上，普遍性意味着所有国家都应按照自己的方法和本国的实际情况来改变自身的发展道路。这种范式上的转变促使我们从共同责任的角度来思考共同的未来。

> 自发布《德洛尔报告》（1996年）以及通过千年发展目标（2000年）以来，国际援助形势大为改变。

1　GPE web site www.globalpartnership.org/civil-society-education-fund [Accessed February 2015].

2　Moyo, D. 2009. *Dead Aid: Why Aid Is Not Working and How There Is Another Way for Africa*. London, Penguin Books.

第四章　教育是一项共同利益吗？

第四章 教育是一项共同利益吗？

" 将教育本身视为一项目的，我们从中认识到知识是终极价值之一。**"**

阿布·卡拉姆·阿扎德（Abul Kalam Azad），印度教育部部长（1947—1958年）

要在新的全球背景下重新规划教育前景，我们不仅需要重新考虑教育的目的，而且还需要重新考虑如何组织学习。由于伙伴关系多样化和公私之间的界限日益模糊，我们必须重新思考指导教育治理的各项原则，特别是将教育作为一项公共利益事业的规范性原则，以及如何在不断变化的社会、国家和市场环境下理解这项原则。[1]

■ 教育作为公共利益事业的原则承受着压力

争取包容、透明和问责制的呼声越来越大

很多国家的民主制度深化，公民通过正规教育和数字技术等渠道，有更多机会获取知识，个人和社区的能力由此得到增强。这种扩展促使民众要求在公共事务中获得更多的话语权，并要求改变地方和全球治理模式。民众日益要求加强公共事务中的问责制、公开、公平和平等。民众对于增加话语权的要求，很大一部分体现在地方或国家层面，但这项要求逐渐跨越国界，牵涉到全球关切问题。非国家行动者，无论是民间组织还是公司，应在地方、国家和全球公共事务管理中起到更大的作用。这一点也适用于教育政策，建设包容性知识社会对于公共部门和私营部门都具有重要意义。我们注意到，这种话语权的增

---

1 Morgan, W. J. and White, I. 2014. Education for Global Development: Reconciling society, state, and market. *Weiterbildung*, 1, 2014, pp. 38-41.

加对课程框架、教科书和积极行动政策都产生了影响。

民众日益要求加强公共事务中的问责制、公开、公平和平等。

私营部门越来越多地参与教育

教育私有化趋势出现在世界各地的各级办学层面，而且正在逐步增强。在过去十年中，私立教育机构的入学率提高了，特别是低收入国家的初等教育，以及中亚较发达经济体的中学后非高等教育。[1]可以将教育私有化理解为将与教育有关的活动、资产、管理、职能和责任从国家或公共机构转移给个人和私营机构的过程。[2]在学校教育问题上，这个过程可以采取多种形式，包括宗教学校、低收费私立学校、由非政府组织管理的外国援助或国际学校、特许学校、合同学校和教育补助券学校、家庭教育和个人辅导、以市场为导向的营利性学校。[3]私营部门参与教育并非什么新鲜事，但"这些表现形式的新颖之处在于规模、范围和渗透到教育事业的方方面面"[4]。

私有化对受教育权的影响

教育私有化对于某些社会群体会产生积极的影响，具体表现为学习机会增加、家长有更多选择以及课程范围扩大。然而，由于公共主管部门的监测和监管力度不足或不够充分，教育私有化也会产生消极影响（学校无证办学、聘用未经培训的教师和缺乏质量保证），从而给社会融合和团结带来潜在的风险。令人格外关切的是，"边缘化群体没能享受到教育私有化的大部分积极影响，却要过多地承担私有化过程造成的负面影响"[5]。此外，私营办学方的收费不受管束，会损害教育机会的普及。从更大范围来看，这可能会给落实接受优质教育的权利和实现平等教育机会带来负面影响。

1　根据联合国教科文组织统计研究所数据库2000—2011年的数据。

2　改编自Right to Education Project. 2014. *Privatisation of Education: Global Trends of Human Rights Impacts*. London, Right to Education Project.

3　Patrinos, H.A. et al. 2009. *The Role and Impact of Public-Private Partnership in Education*. Washington, DC, World Bank. Lewis L., and Patrinos H.A. 2012. *Impact Evaluation of Private Sector Participation in Education*. London, CfBT Education Trust. Right to Education Project. 2014. *Privatisation of Education: Global Trends of Human Rights Impacts*. London, Right to Education Project.

4　Macpherson, I., Robertson, S. and Walford, G. 2014. *Education, Privatization and Social Justice: case studies from Africa, South Asia and South East Asia*. Oxford, Symposium Books.

5　The Right to Education Project. 2014. op. cit.

课外私人补习（也称"影子教育"）是教育私有化过程中的一个特定层面，这种现象在全球范围内日渐增多。[1]私人补习往往是学校系统运行不佳的表现，[2]与私立教育的其他表现一样，私人补习对于学生及其教师都会产生正反两方面的影响。一方面，教师可以根据落后学生的需求因材施教，同时可以获得额外报酬来补充学校工资。另一方面，私人补习的学费占去很大一部分家庭收入，特别是在穷人当中，因此会造成学习机会的不平等。一些教师可能会把更多精力用于私人补习，忽视自己分内的职责，这会对校内的教学和学习质量产生不良影响。[3]由于影子教育增多，个人和家庭需要调动资金，有人担心教师可能会出现渎职和腐败行为，一些国家的教育部因此试图规范私人补习现象。[4]

框注16. 私人补习损害埃及穷人的受教育机会[5]

在埃及，私人补习费用在家庭教育支出中占有很大比例，农村地区平均为47%，城市地区平均为40%。据报告，每年花在私人补习上的费用高达24亿美元，相当于2011年公共教育开支的27%。

有能力支付私人补习费用的家庭认为，这项投资物有所值。但并非人人都能负担得起：富裕家庭的儿童接受私人补习的可能性要高出一倍。教师很可能将精力和资源用于私人补习，而不是放在课堂上，由此导致正规教育系统质量低下，家里负担不起私人补习费用的儿童要承担由此产生的后果。

私人补习现象广泛存在的一个重要原因是，近几十年来，政府开始聘用资历较浅的教师来满足不断增加的公立教育需求，由此导致埃及教师的社会地位下降。辍学者成为教师，往往不是出于自愿，而是迫不得已而为之。教师在埃及社会中受到轻视，使得教职成为工资最低的政府工作。教师因此利用私人补习来贴补薪水。

资料来源：UNESCO. 2014. *Teaching and Learning: Achieving quality for all. EFA Global Monitoring Report 2013-2014.* Paris, UNESCO.

---

1   Bray, M. 2009. *Confronting the shadow education system. What government policies for what private tutoring?* Paris, UNESCO-IIEP.

2   UNESCO. 2014. *Teaching and Learning: Achieving quality for all. EFA Global Monitoring Report 2013-2014.* Paris, UNESCO.

3   Bray, M. and Kuo, O. 2014. Regulating Private Tutoring for Public Good. Policy options for supplementary education in Asia. *CERC Monograph Series in Comparative and International Education and Development.* No. 10. Hong Kong, Comparative Education Research Center and UNESCO Bangkok Office.

4   Ibid.

5   UNESCO. 2014. *Teaching and Learning: Achieving quality for all. EFA Global Monitoring Report 2013-2014.* Paris, UNESCO. [Based on the following sources: Central Agency for Public Mobilization and Statistics (2013); Elbadawy et al. (2007); Hartmann (2007); UNESCO (2012a).]

由于各种形式的私有化复制甚至加剧学习机会的不平等，教育作为一项公共利益事业的概念以及国家在确保受教育权方面的作用都受到了严重质疑。

根据当前形势重新审视受教育权

国际发展讨论常常会将教育作为一项人权和一项公共利益事业。教育是一项基本人权，并且有助于实现其他各项人权，这一原则植根于国际规则框架。[1]这意味着国家在确保尊重、落实和保护受教育权方面的作用。除了提供教育之外，国家还必须成为受教育权的担保人。

框注17. 尊重、落实和保护受教育权

46. 受教育的权利和所有人权一样，使缔约国负有三类或三个层面的义务，即尊重义务、保护义务、落实义务。而落实义务既包含便利义务，又包含提供义务。

47. 尊重义务要求缔约国不采取任何妨碍或阻止受教育权利的享受的措施。保护义务要求缔约国采取措施，防止第三方干扰受教育权利的享受。落实（便利）义务要求缔约国采取积极措施，使个人和群体能够享受这项权利，并便利其享受这项权利。最后，缔约国有义务落实（提供）受教育的权利。一般来说，在个人或群体由于无法控制的原因而无法利用可供利用的手段自行落实有关权利的情况下，缔约国有义务落实（提供）《公约》规定的某项权利。不过，这项义务的范围总是以《公约》的条文为准。

资料来源：UN Committee on Economic, Social and Cultural Rights (CESCR). 1999. *General Comment No. 13: The Right to Education (Art. 13 of the Covenant)*, 8 December 1999, E/C.12/1999/10 (46/47), available at: www.refworld.org/docid/4538838c22.html [Accessed 6 March 2015].

尽管关于受教育权的多项规定都规定了具体的法律义务，但关于受教育权的许多讨论直到最近依然侧重于学校教育，甚至是范围更窄的初等学校教

---

1   见the 1948 Universal Declaration of Human Rights (Art. 26), the 1966 International Covenant on the Economic, Social and Cultural Rights (Art. 13), and the 1989 Convention on the Rights of the Child (Art. 28).

育。1990年在泰国宗滴恩召开的世界教育论坛采纳了内涵广泛的基础教育概念，其中既包括读写、计算等基础学习工具，也包括切合实际情况的基础知识、技能和价值观。从正规教育的角度来看，基础教育往往等同于义务制学校教育。世界上绝大多数国家都制定了国内法律，规定了义务制学校教育的年限。从这个角度来看，接受基础教育的权利是无可争议的，国家在保护这项原则和确保机会平等方面的作用也是无可置疑的。

这些原则在基础教育阶段相对来说不存在争议，但关于这些原则能否适用于基础教育之后的各个阶段，目前尚未达成共识。[1]基础学校教育的入学机会扩大，还导致对于中等和高等教育的需求不断增加，职业技能发展受到越来越多的关注，特别是在青年失业率不断走高的情况下，同时还出现了获得资历和重新获得资历的连续过程。对于基础后教育和终身学习的这种需求越来越多，在这种情况下如何理解和适用受教育权的原则？受教育权与接受基础（义务）学校教育的权利在权利主张者的权益和义务承担者的责任方面有哪些区别？国家在义务教育阶段之后（高中教育、高等教育以及中等和高等教育阶段的职业技术教育）有哪些责任和义务？在基础后教育和培训入学方面，如何在保持不歧视和机会平等原则的同时分担责任？

公私界限日益模糊

国际教育讨论往往将教育作为一项公共利益事业。联合国受教育权问题特别报告员曾经强调，在提倡教育作为一项公共利益事业的概念的同时，保持社会始终关注教育的重要性。[2]然而，国家在公立教育办学方面的首要责任日益受到质疑，有人呼吁削减公共开支，让非国家行为者更多地参与进来。包括民间组织、私营企业和基金会在内的利益攸关方的增多以及融资渠道的多样化，使得公立教育和私立教育之间的界限变得模糊起来。新的全球学习环境呈现出如下特点：利益攸关方更加多样化，许多民族国家确定公共政策的能力被减弱，出现了新形式的全球治理。所谓"公共"概念在这种背景下的含义，已经不再清晰了。私营部门参与办学的性质和程度正在模糊公立教育和私立教育之间的界限。这体现在：公立高等教育机构越来越依赖私营部门提供的资金；营利性和非营利性机构越来越多；以及，高等教育机构引进了商业运作模式。私营部门出现了新的形式，正在改变着教育的性质，将其从一项公共利益事业转

1 Morgan, W. J. and White, I. 2014. The value of higher education: public or private good? *Weiterbildung*, 6, 2014, pp. 38-41.

2 Singh, K. 2014. *Report of the Special Rapporteur on the right to education.* United Nations. A/69/402, 24 September 2014. http://ap.ohchr.org/documents/dpage_e.aspx?si=A/69/402 [Accessed February 2015].

变为私人（消费）物品。在私营部门，基础教育和基础后教育越来越倾向于营利和交易，按照私营部门的商业利益来制定教育议程。[1] 社会、国家和市场之间的关系飞速变化，造成进退两难的境地。由于学习发生在新的全球背景下，应如何保护教育作为公共利益事业的核心原则？

由于学习发生在新的全球背景下，应如何保护教育作为公共利益事业的核心原则？

教育和知识是全球共同利益

公共利益理论的局限性

公共利益理论有着悠久的传统，在市场经济学中有其存在的基础。[2] 在20世纪50年代，公共利益是指"人人共享"的裨益，而且"每个人对于这种裨益的消费不会导致任何其他个人对于这种裨益的消费减少"。[3] 将原本属于经济范畴的概念引进教育领域，这种做法是有问题的。人们通常认为，公共利益与公共政策及国家政策的联系更为密切。"公共"一词往往造成一种常见的误解，认为"公共利益"就是由公众提供的。[4] 另一方面，对于"共同利益"的定义是，无论其来自公共部门还是私营部门，都具备有约束力的目标，并且是实现所有人的基本权利的必要因素。[5]

从这个角度来看，"共同利益"概念或许可以成为具有建设性的替代品。可以将共同利益定义为"人类在本质上共享并且互相交流的各种善意，例如价值观、公民美德和正义感"[6]。它是"人们的紧密联合，而不仅仅是个人美德的简单累计"。这是一种社会群体的善意，"在相互关系中实现善行，人类也正是通过这种关系实现自身的幸福"[7]。由此可见，共同利益是通过集体努力紧密团结的社会成员关系中的固有因素。因此，

1　Macpherson, I., Robertson, S. and Walford, G. 2014. *Education, Privatization and Social Justice: case studies from Africa, South Asia and South East Asia.* Oxford, Symposium Books, p. 9.

2　Menashy, F. 2009. Education as a global public good: the applicability and implications of a framework. *Globalisation, Societies and Education,* Vol. 7, No. 3, pp. 307-320.

3　Samuelson, P. A. 1954. The Pure Theory of Public Expenditure, *The Review of Economics and Statistics,* Vol. 36, No. 4, pp. 387-389.

4　改编自Zhang, E. 2010. *Community, the Common Good, and Public Healthcare – Confucianism and its relevance to contemporary China.* Department of Religion and Philosophy, Hong Kong Baptist University.

5　改编自Marella, M.R. 2012. *Oltre il pubblico e il privato: per un diritto dei beni comuni.* Verona, Ombre Corte.

6　Deneulin, S., and Townsend, N. 2007. Public Goods, Global Public Goods and the Common Good. *International Journal of Social Economics,* Vol. 34 (1-2), pp. 19-36.

7　Cahill引述自Deneulin and Townsend, ibid.

共同利益的"产生"及其禅益具有内在的共同性。[1] 从这个角度来看，共同利益的概念让我们至少能够在以下三个方面摆脱公共利益概念的局限：

1. 共同利益概念超越了公共利益的辅助性概念，后者将人类幸福局限于个人主义的社会经济理论。从"共同利益"的角度看，重要的不仅是个人的"好日子"，人类共同拥有美好生活也很重要。[2] 共同利益不是个人受益，也不是狭隘的善意。[3] 必须强调指出，近年来国际讨论的话题从"教育"转到"学习"，这表明教育作为一项社会努力的集体层面和目的可能受到忽视。在期望教育能够实现的更广泛的社会成果以及如何安排教育机会方面，都是如此。教育作为"共同利益"的概念重申了教育作为一项社会共同努力的集体层面（分担责任和精诚团结）。

> 共同利益概念超越了公共利益的辅助性概念，后者将人类幸福局限于个人主义的社会经济理论。

2. 要定义共同利益的含义，必须根据环境的多样性以及关于幸福和共同生活的多种概念来界定。因此，对于共同利益的具体情况，不同社区会有不同的理解。[4] 关于什么是共同利益，有着多种文化解读；因此，公共政策如果不想破坏人类福祉，就应在尊重基本权利的同时，承认并培养关于环境、世界观和知识体系的这种多样性。[5]

3. 这个概念强调参与过程，而这本身就是一项共同利益。共同行动是共同利益本身所固有的，并且有助于共同利益，而且在共同行动的过程中也会产生禅益。[6] 因此，教育作为一项共同利益，必须具备包容性的制定和执行公共政策的程序，并且要开展适当的问责。让共同利益超越公与私之间的对立，意味着构想和渴望实现参与式民主的新形式和新制度。这就需要超越目前的私有化政策，不回归传统的公共管理模式。[7]

---

1 改编自 Deneulin, S., and Townsend, N. 2007. Public Goods, Global Public Goods and the Common Good. *International Journal of Social Economics,* Vol. 34 (1-2), pp. 19-36.

2 Deneulin and Townsend, ibid.

3 Holster, K. 2003. The Common Good and Public Education. *Educational Theory*, 53(3), 347-361.

4 Zhang, E. 2010. *Community, the Common Good, and Public Healthcare – Confucianism and its relevance to contemporary China*. Department of Religion and Philosophy, Hong Kong Baptist University.

5 Deneulin and Townsend, op. cit.

6 改编自 Deneulin and Townsend, op. cit.

7 Marella, M.R. 2012. *Oltre il pubblico e il privato: per un diritto dei beni comuni*. Verona, Ombre Corte.

承认教育和知识作为全球共同利益

教育是获取知识和培养在相关情境中运用这些知识的能力的有意识的过程。发展和利用知识是教育的终极目的，理想社会的各项原则是教育的指导方针。假如将教育视为有意识和有组织的学习过程，关于教育的任何讨论都不能再仅仅侧重于获得（和认证）知识的过程。我们不但要考虑如何获得和认证知识，更要考虑知识的获取受到何种控制，以及如何普遍提供获取知识的机会。

框注18. 知识的创造、控制、习得、认证和运用

知识可以大致理解为包括信息、理解、技能、价值观和态度。能力是指在特定情境下运用这些知识的能力。关于教育（或学习）的讨论都习惯性地关注习得知识和培养知识运用能力（能力）的有意识的过程。教育工作还越来越关注习得的知识的认证问题。

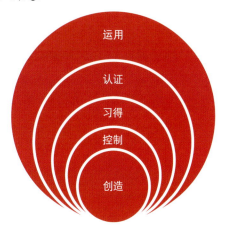

然而，在当今不断变化的世界中，关于教育和学习的讨论应超越关于习得、认证和运用知识的过程，还必须解决创造知识和控制知识等根本性问题。

资料来源：作者。

知识是人类的共同遗产。与教育一样，必须将知识视为一项全球共同利益。如果只将知识视为一项全球公共利益，[1] 那么知识的获取往往会受到限制。[2] 知识的创造、复制和传播目前出现了私有化趋势，这引发了严重关切。通过法律，更具体地说是通过在知识创造方面占主导地位的知识产权制度，共有知识正在逐步私有化。在大学、智库、咨询公司和出版商的工作中，知识创造和复制的逐步私有化是显而易见的。因此，我们视为公共利益以及我们认为属于共有知识的大量知识，实际上正在被私有化。这种现象令人不安，特别是在涉及被全球性公司攫取的土著社区关于生态和医学的知识时。一些土著民族正在努力抵御这种趋势。知识的私有化在数字世界也引发了支持共享的反制运动，例如Linux软件允许用户自由运行、复制、发布、研究、修改和完善原始产品。[3]

> **应将教育和知识视为全球共同利益。这意味着知识的创造、控制、习得、认证和运用向所有人开放，是一项社会集体努力。**

因此，鉴于可持续发展问题在相互依存日益加深的世界中备受关切，应将教育和知识视为全球共同利益。这意味着知识的创造、控制、习得、认证和运用向所有人开放，是一项社会集体努力。再也不能将教育治理与知识治理分开了。

保护基本原则

必须强调指出，目前的国际教育讨论可能会损害指导国际和国内教育政策及实践的一些基本原则。事实上，当前的国际教育讨论张口闭口谈学习，主要关注的是教育过程的结果，而往往忽视了学习的过程。关注结果，主要是指学习成绩，[4] 也就是最容易被衡量的知识和技能，因而往往忽视了学习成果的其他更多方面，其中包括对于个人和社会发展具有重要意义的知识、技能、价值观和态度，而理由是这些成果无法被（轻易）衡量。此外，学习被视为获得技能的个人过程，教育的目的以及作为一项社会集体努力的学习机会的组织，则很少受到关注。由此可见，这种讨论可能会损害教育作为共同利益的原则。

---

1   Kaul, I., le Goulven, K. et al. (eds) 1999. *Global Public Goods. International Cooperation in the 21st Century*. New York, Oxford University Press.

2   Stiglitz, J. 1999. *Knowledge as a global public good*. In Kaul, I., le Goulven K. et al. (eds), ibid., pp. 308-325. See also UNDP. 1999. *Human Development Report*. New York, Oxford University Press.

3   www.linuxfoundation.org [Accessed February 2015].

4   "学习成绩是指个人习得的实际技能、态度、价值观和知识水平；这意味着需要进行某种测量，或是表明学习确已发生。" World Conference on Education for All. 1990. *Meeting Basic Learning Needs: A vision for the 1990s. Background Documents*. New York, Inter-Agency Commission for the WCEFA.

规范共同利益的作用和责任

普遍人性中蕴含着团结和社会正义的价值观，在这种精神的感召下，获得作为全球共同利益的知识和教育的权利原则，对于诸多利益攸关方在追求可持续发展以及力争实现包容性的人类发展和社会发展的集体努力当中的作用和责任，都具有重要意义。

- **加强民间社会和其他合作伙伴的作用**

在当前局势下，务必要促进民间社会在教育领域起到更重要和更明确的作用。应与社区团体和非营利性组织建立更紧密的伙伴关系，以此来抵御目前公立教育商品化的趋势。事实上，教育的多种职能不仅是政府的责任，同时也是整个社会的责任。在教育部门实现良好治理，需要政府与民间社会建立多种多样的伙伴关系，国家教育政策应是在社会上进行广泛协商和取得全国共识的结果。

近年来试行了企业部门和基金会提出的发展筹资创新机制，特别是在教育领域。这项试验还有助于在所有发展伙伴（国家、私营部门、民间社会、学术界、公民）之间扩大有效和创新的伙伴关系，借以利用外部合作伙伴的专业知识、能力和资源。成功的伙伴关系实例有很多，这些伙伴关系协助人们取得了丰硕的成果，甚至在教育等传统上被视为公共利益事业的领域也不例外。

私营企业可以满足迫切的就业需求，这是企业社会责任的一部分；除此之外，私营企业还可以通过投资教育起到重要作用。例如在印度，国家正在鼓励私营公司从每年的营业额中抽出2%来投资教育事业。企业社会责任基金可以用来满足贫困社区的社会和教育需求。可能需要制定法律，为有关企业提供税收优惠，用以筹措这些额外资源。

- **加强国家在规范共同利益方面的作用**

在当前经济全球化和市场自由化的局势下，国家必须继续保持确保获取和管理共同利益的职能，特别是在教育领域。教育是机会平等链条上的第一环，不应将教育完全出让给市场。从这个角度看，国家承担着两项义务：

> 教育是机会平等链条上的第一环，不应将教育完全出让给市场。

1. 改革公立教育，实现公立教育专业化，包括利用明确的程序加强教育对于整个社会的责任，从而打击教育部门的腐败现象。

2. 监测和规范私营部门参与教育的情况。监测绝不应带有行政或官僚色彩，不应成为一种政治职能。国家的监测职能应确保在公共及私营部门从事教育工作的专业人员制定的标准以及国际规则框架得到适用。

● 加强政府间机构在规范全球共同利益方面的作用

国际社会对于全球共同利益的治理负有责任。全球良好治理是联合国系统和其他国际组织需要解决的一个问题，这些组织必须加强在政策及实践领域的合作。除技术职能外，联合国机构在制定国际规则来指导全球共同利益的治理方面也可以起到作用，这些共同利益包括知识、教育、物质和非物质文化遗产等。在这方面，应回顾联合国教科文组织起到主要协调和动员作用的两个领域：全民教育运动和制定规范性教育目标。[1]

---

1   Bray, M. and Kwo, O. 2014. Regulating Private Tutoring for Public Good Policy Options for Supplementary Education in Asia. *CERC Monograph Series in Comparative and International Education and Development*, No. 10. Comparative Education Research Center, University of Hong Kong.

■ 对于前途的思考

可持续的人类及社会发展受到各方的密切关注，本次讨论受此启发，概述了全球社会变革中的种种趋势、紧张和矛盾，以及由此产生的新的知识前景。本书强调务必要探寻促进人类福祉的替代方法，探索世界观和知识体系的多样性，而且必须维护这种多样性。书中重申了人文主义教育观，呼吁在最新的伦理和道德基础上采用综合教育方法。书中指出了具有包容性而且不会简单地再生产不平等现象的教育过程，这是一个可以确保公平和问责的过程。本书强调，教师和其他教育工作者的作用对于培养批判性思维和独立判断、摆脱盲从至关重要。

书中探讨了复杂世界中的教育决策问题。第一，我们必须认识到并应对正规教育与就业之间的差距；第二，我们必须正视在跨越国界、专业和学习空间的流动性不断增强的世界中承认和认证学习的难题；第三，我们必须重新思考公民教育，在尊重共同价值观的多元性和关注普遍人性之间需求平衡。最后，我们探讨了国家教育决策的复杂性以及潜在的全球治理形式。在我们提出这些问题时，很多问题依然没有答案。

本次讨论还探讨了根据当前形势重新审视教育治理基本原则的必要性，特别是受教育权和以教育为公共利益的原则。书中建议教育政策更多地关注知识以及创造、习得、认证和运用知识的方式。本书提出，将教育和知识视为全球共同利益可能有助于在不断变化的世界中协调作为一项社会集体努力之学习的目的和组织方式。

> 需要根据当前形势重新审视教育治理的基本原则，特别是受教育权和以教育为公共利益的原则。

在考虑未来发展道路时，我们提出了一些问题，以此来呼吁各方开展对话和深入辩论：

- 学习的四大支柱——学会求知、学会做事、学会做人和学会共处——在当今世界具有更强烈的现实意义，但也受到全球化以及身份政治重新抬头的威胁。如何强化和更新学习的支柱？

- 教育如何更好地应对实现经济、社会和环境可持续性的挑战？如何通过教育政策和实践来实现这种人文主义教育观？

- 如何通过人文主义教育观来协调世界观的多元性？全球化给国家教育政策和教育决策带来了哪些威胁和机遇？

- 应如何筹措教育经费？对于教师教育、培训、发展和支持有哪些影响？私人利益、公共利益和共同利益概念之间的区别对教育产生了哪些影响？

联合国教科文组织作为负责教育、科学、文化和传播等相关领域的联合国专门机构，应加强其作为"思想实验室"的作用，监测全球发展趋势和学习受到的影响。这符合联合国教科文组织在教育领域的使命以及作为智力机构和思想库的作用。[1] 孤立地制定政策已不再是有效的做法，应将有着多种不同观点的各利益攸关方会聚起来，共同分享研究成果，在政策指导下制定规范原则。

> **应将有着多种不同观点的各利益攸关方会聚起来，共同分享研究成果，在政策指导下制定规范原则。**

同样值得一提的是，联合国教科文组织在联合国系统中比较特殊，它拥有全国委员会、联合国教科文组织教席和专业研究所构成的全球网络。随着环境和需求的变化，可以更多地利用这些网络来重新评价教育目的和定期评估教育实践。为此应设立一个常设监测机制，负责审查和报告发展趋势及其对教育的影响。

人类已经步入新的历史阶段，科学技术的发展速度越来越快。这其中蕴含着乌托邦和反乌托邦的双重可能性。要想以解放性的、公正和可持续的方式受益，我们必须了解并管理各种机会和风险。必须以此作为21世纪教育和学习的根本目的。加深人们对于这种可能性的认识，以期维护人类及其共同福祉，应是作为全球思想实验室的联合国教科文组织的基本任务。本书旨在抛砖引玉，激发辩论。

---

1   Elfert, M. 2015. UNESCO, the Faure Report, the Delors Report, and the Political Utopia of Lifelong Learning. *European Journal of Education*. Vol. 50, No. 1, pp. 88-100.

出版人　李　东
责任编辑　翁绮睿
版式设计　联合国教科文组织　吕　娟
责任校对　贾静芳
责任印制　叶小峰

图书在版编目（CIP）数据

反思教育：向"全球共同利益"的理念转变？/联合国教科文组织编；联合国教科文组织总部中文科译. —北京：教育科学出版社，2017.6（2024.4重印）
书名原文：Rethinking Education：Towards a global common good？
ISBN 978-7-5191-1090-1

Ⅰ．①反…　Ⅱ．①联…　②联…　Ⅲ．①教育研究　Ⅳ．①G4-03

中国版本图书馆CIP数据核字（2017）第091185号

反思教育：向"全球共同利益"的理念转变？
FANSI JIAOYU：XIANG "QUANQIU GONGTONG LIYI" DE LINIAN ZHUANBIAN？

出版发行	教育科学出版社		
社　　址	北京·朝阳区安慧北里安园甲9号	市场部电话	010-64989009
邮　　编	100101	编辑部电话	010-64981167
传　　真	010-64891796	网　　址	http://www.esph.com.cn
经　　销	各地新华书店		
制　　作	北京京久科创文化有限公司		
印　　刷	保定市中画美凯印刷有限公司		
开　　本	720毫米×1020毫米　1/16	版　　次	2017年6月第1版
印　　张	5.5	印　　次	2024年4月第15次印刷
字　　数	94千	定　　价	25.00元

如有印装质量问题，请到所购图书销售部门联系调换。